하나님이 너를 많이 사랑해

오은국

God loves you more deeply than words can ever express.

도서출판 헤르조

Table of Contents

저자의 글 / 06

추천사 / 08

하나님의 와이파이: 그 은혜 속에 살고 있다 / 19

4명이 좋다? 아니 혼자가 좋다 / 27

난 거룩한(?) 목사가 아니다 / 33

아빠, 거기 있죠? / 39

넌 커서 뭐가 될래 / 49

포카리스웨트 / 61

내가 창피하니? / 71

드라마는 끝까지 봐야 한다 / 83

하나님 들리십니까 / 91

믿음은 오버스럽다 / 101

나는 왜 목사를 하는가 / 111

은혜에요, 은혜 / 121

사랑은 눈물의 씨앗입니다 / 133

삭개오 콤플렉스 / 145

'비교', 가장 흔한 유혹 / 161

히네니, '제가 여기 있습니다.' / 171

하나님이 꼰대입니까 / 183

타임머신을 타고 싶다 / 191

밤새도록 널 위해 응원할게 / 201

난 그런 거 몰라요 / 211

사이렌이 울린다 / 221

아임 유어 파더 / 233

저자의 글

청소년에게
하나님의 사랑을

오은국

청소년을 끼인 세대라고 한다. 시간의 흐름에서 본다면 어린이에서 성인으로 가는 중간이라는 점에서, 그렇게 볼 수도 있다. 그러나 엄밀히 말하자면 청소년은 끼인 세대가 아닌, 어린이와 성인을 잇는 인생에서 특별한 시기라고 할 수 있다.

청소년을 만나서 복음을 전하고, 인성교육을 하며 예술로 심리적 교육을 하는 것이 마냥 쉬운 것은 아니다. 때때로 청소년 사역자로서의 사명감과 인간적인 욕심이 부딪치기 때문이다. 그러나 언제나 나를 청소년 사역자로 세우신 주님의 깊은 사랑 위에 선다. 왜 청소년을 대상으로 선교하냐 보다, 이 시대 청소년 세대를 향한 하나님의 거부할 수 없는 구원의 계획이 분명 있기 때문이다.

이 책은 청소년 사역을 잘하기 위한 지침서나 보조교재가 아니다. 그렇다고 엄청난 청소년 사역의 현장을 다루고 있지도 않다. 그저 하나님의 사랑을 입은 평범한 예배자 오은국 목사가 청소년들에게 하나님의 복음을 전하는 책이다. 평범하고 실수가 많은 한 청소년 사역자의 사역성장기를 담고 있다. 복음을 전하면 항상 멋진 은혜의 결과들이 뒤따를 것 같지만 실제로는 그렇지 않다. 우리는 눈물로 씨를 뿌리는 사람이고, 하나님께서 하나님의 때에 기쁨으로 열매를 거두시게 하심을 믿는 사람이지 않는가. 하나님은 우리의 이러한 순종으로 영광을 받으신다. 내가 했다고 하기 보다, "주님께서 이루셨습니다."라고 고백할 수 있을 뿐이다.

하나님은 한 명의 예배자 오은국, '나'를 너무 사랑하셔서 이처럼 청소년 사역을 감당하도록 많은 동역자들과 후원자를 보내주셨다. 특별히 이 길을 걷는 것을 그 누구보다 사랑으로 응원하는 나의 아내 노가은과 첫째 아들 초은이, 둘째 아들 형은이에게 감사의 마음을 전한다.

| 사역문의 |
010-3291-1091 • yskit1@gmail.com

추천사

KOSTA국제총무 **유임근 목사**

 숨어있던 보물을 만난 느낌이다. 오은국 목사를 처음 만난 것은 상하이 국제복음주의 학생연합회(Korean Student All Nations: KOSTA)였다. 깊은 진정성과 노련함을 모두 갖추고 강의하는 모습이 멋있었다. 벌써 10년 정도가 흘렀는데, 청소년을 향한 열정은 식지 않았고 여전히 모든 장애물과 난관을 뚫고 새로운 도전을 계속 해 나가고 있다. 하나님의 굳건한 사랑을 흔들리는 청소년들에게 아낌없이 들려주고 싶은 그 발걸음이 고스란히 담겨 있는 이 책을 통해서 다음세대가 살아나고, 다음세대를 섬기는 모든 동역자들에게 위로가 되리라고 믿는다.

재일대한기독교회 관동지방회장 **김용소 목사**

"청소년기는 인생에서 가장 알 수 없는 소용돌이 시기이다. 언제, 어디서 폭풍, 비, 바람, 천둥, 번개, 가뭄, 홍수 등 어떤 일이 일어날지 모른다."

이 책은 청소년 사역에 강한 사명감을 가지고 있는 오은국 목사의 경험이 담긴 짧은 에세이로 이루어져있다. 현재 한국 교회는 청소년이 줄어들고 있어서 오은국 목사의 청소년사역은 귀하다 할 수 있다. 이 책에는 교우 문제, 학교 문제, 가정 문제, 외모 문제, 교제 문제 등을 겪고 있는 다양한 청소년이 등장한다. 예민해서 다가가기 힘든 청소년들에게 저자는 때로는 실망하며, 교회로 이끌기 위해 고군분투 하지만 그 마음속에는 항상 청소년을 향한 애정 어린 시선이 있으며 직접 청소년들과 교제하면서 그들의 내면을 이해하고 대변하려고 노력한다.

이러한 경험을 바탕으로 오은국 목사는 우리의 신앙에 물음을 던진다. 동시에 우리의 청소년시기를 떠올리며 신앙의 여정을 되돌아보게 한다. 특히 어린 자녀를 둔 부모는 자녀의 청소년기를 준비하는 기도를, 청소년 자녀를 둔 부모는 사랑으로 인내하며 그들의 성장을 응원하게 될 것이라고 생각한다.

PK미니스트릿 대표 **장광우 목사**

  이 책은 청소년들이 하나님의 사랑을 깊게 이해하고, 그 사랑을 삶 속에서 경험하게 해주는 귀한 가이드이다. 오은국 목사는 청소년이 직면하는 어려움과 도전을 진지하게 다루면서, 그 속에서도 하나님께서 얼마나 사랑으로 함께 하시는지를 실제된 사역의 사례 속에서 명확히 보여준다. 청소년이 자신의 정체성과 가치를 하나님의 사랑 안에서 발견하고, 그 사랑을 통해 진정한 자아를 찾아갈 수 있도록 돕는다. 또한 이 책은 마음 속에 깊은 위로와 평안을 주며, 하나님과의 관계를 더욱 친밀하게 만든다. 하나님의 사랑을 이해하는 것은 신앙의 기초이며, 이 책은 그 기초를 탄탄히 세울 수 있도록 도와줄 것이다. 이 책을 통해 여러분은 오은국 목사의 사명의 걸음을 더욱 응원하시게 될 것이다. 또한 등장하는 여러 사역의 사례를 통해 청소년을 이해하는데 큰 도움이 될 것이다. 청소년들과 청소년 사역자에게 꼭 필요한 사역의 나침반이 되어줄 것이다.

남부전원교회 with 움직이는교회 담임 **노지훈 목사**

오은국 목사와의 만남은 인도의 청소년 캠프를 섬기던 중 이뤄졌다. 그분의 눈빛은 남달랐다. 아이들을 대하는 태도와 접근 방식에서부터 깊이 있는 경험과 진정성이 느껴졌다. 요즈음처럼 청소년과 소통이 어려운 시대에, 그는 수많은 현장을 누비며 쌓은 노하우를 통해 아이들과의 벽을 허물고 금세 친구가 되는 법을 알고 있었다.

이 책은 저자의 풍부한 현장 경험과 이론적 통찰을 바탕으로 청소년을 향한 깊은 사랑과 열정을 담고 있다. 오은국 목사는 교회 안팎의 청소년에게 따뜻한 인간적 터치를 통해 도전과 영감을 전하며, 일상 속에서 하나님의 말씀을 묵상하는 삶의 이야기를 진솔하게 풀어낸다.

특히 예술가로서 독특한 시각을 활용하여 믿지 않는 청소년들과 소통하고, 예술 캠프를 통해 삶으로 복음을 증거 하는 모습은 깊은 감동을 준다. 이 책은 교회 안에서만 청소년을 바라보는 이들에게 새로운 시각을 제공하며, 대한민국 청소년의 마음을 더 깊이 이해하고자 하는 이들에게 유익한 안내서가 될 것이다.

오은국 목사의 따뜻한 마음과 진정성이 가득 담긴 이 책을 통해, 독자들은 청소년 사역의 새로운 길을 발견하게 될 것이다.

전 Asis Pacific YFC 동남아시아 지역장 **조현조 목사**

어디로 튈지 모르는 럭비공 같은 청소년들과 교제하고 복음을 전하며, 하나님의 말씀을 전한다는 것은 결코 쉬운 일이 아니다. 그러나 오랜 시간 그들과 부딪치며 익힌 경험을 바탕으로, 전문적인 청소년 사역의 기술과 역량 속에서 믿음으로 일궈가는 청소년 복음 전도 사역의 한 부분을 소개한 이 책은 오은국 목사의 진솔한 경험과 하나님께서 이끄시는 사역의 이야기가 감동을 준다.

THEWAY 대표 **고은식 목사**

청소년 사역 현장에서 만난 오은국 목사는 특유의 친화력과 능청스러운 매력으로 청소년의 마음을 자연스럽게 여는 분이다. 이 책은 오은국 목사의 목회 철학과 따뜻한 성품이 고스란히 담겨 있다. 진솔한 고백이 스며있는 책장을 넘기다 보면, 청소년에 대한 깊은 이해와 더불어 복음의 진리를 마주하게 된다. 청소년 관계 사역의 진수를 담은 '진국' 목사님의 비법서를 강력 추천한다.

Jimmy Chae
(YWAM Brandywine base director
Senor Pastor at New Hope Community Church of Virginia)

I have known Pastor Eunkuk Oh since I arrived in New Zealand in 2000. I was serving as an assistant pastor at a local church about two hours North of Auckland, where he was working with the Youth for Christ (YFC) organization.

My first impression of the young Pastor was of passion and humility toward the kids in his care. His love for them was tangible in how they both related to him and loved him as a leader and an older brother.

I have been an eyewitness to Pastor Oh's growing ministry and as a man of God maturing into his skin. I was excited to see his transition back to Korea took on much more responsibility, along with the expectations and stress that come with it.

When I moved to Kona Hawaii to serve at the University of the Nation (YWAM), I had the pleasure of working with Pastor Oh serve with me for a few quarters. Again, I witnessed his remarkable ability to communicate with the young people as well as his vision for nurturing the next generation.

Pastor Oh is deeply in tune with pulse of the youth and with their worries and modern-day problems like few others can. I am excited about his first published book that deals with the issues of the youth and his personal encounter with real young people with real young people problems.

His answer is not only rooted in biblical truth but also sensitive to their current culture and situations. Pastor Oh has a deep understanding of the nature and the root of their fears as how they navigate through life.

Pastor Oh is truly a 'Professional' in what he does and 'Expert' in his field. I have gained deep insight into his ministry and newfound respect for his dedication and sacrifice to his call through his first published book and I look forward to the next collection of wisdom he will share as we continue to guide and appreciate the next generation. Thank you.

Josh Woo Founder & Director, **JW Legal** (NZ)

This book is a culmination of Pastor Eddie's determined and dedicated life in youth work. It is a touching tribute to the many lives he has positively impacted and is a must-read for anyone aspiring to make a difference in youth work. It is a much-needed guide in this space.

THE NBP 대표 **옥수정**

모태신앙으로 자랐지만, 내 신앙은 나이만큼 성장하지 못했다. 교회에서 들었던 목사님의 말씀은 종종 외계어처럼 들렸고, 주일과 평소의 삶은 완전히 분리된 채로 존재했다. 말씀을 들어도 내 삶에 어떻게 적용해야 할지, 신앙의 올바른 태도와 행동이 무엇인지 알 수 없었다.

그런데 이 책을 만나면서 모든 것이 달라졌다. 청소년 사역을 전문으로 하는 목사님의 생생한 경험담과 그 경험에 녹아있는 성경 구절들은 마치 나를 위해 쓴 듯했다. 특히 영화를 통해 자아를 탐구하는 목사님의 사역 방식은 직접 강의를 듣지 않아도 이 책을 읽기만으로 내 문제의 본질을 꿰뚫어 보게 해주었다.

놀라운 깨달음은 바로 이것이다. 그동안 모태신앙이라는 이유로 내 신앙이 어른이 되었다고 착각하고 있었다. 사실 내 신앙은 여전히 청소년 수준이었고, 이 책은 그 교만을 부드럽게 깨워주었다.

원래 책 읽기를 힘들어하고 시작조차 두려워했지만, 이 책은 달랐다. 목사님 특유의 유머가 가득해 술술 읽혔고, 내용은 너무나 쉽게 다가와 다음 장이 궁금해질 정도였다.

실생활과 신앙생활을 분리해 사는 이들, 책 읽기를 어려워하는 이들, 기독교 서적을 한 번도 읽어보지 못한 이들에게 이 책을 적극 추천한다. 내 삶을 비추는 거울이 되어줄 것이다.

하나님의 와이파이:
그 은혜 속에 살고 있다

"만일 은혜로 된 것이면 행위로 말미암지 않음이니
그렇지 않으면 은혜가 은혜되지 못하느니라."

로마서 11:6

요즈음 청소년은 어디를 가든지 와이파이를 찾는다. 가끔 무제한 데이터 요금을 쓰는 청소년도 있지만, 부모님의 눈치를 보느라고 데이터를 맘껏 쓰지 못하는 청소년은 자리를 옮길 때마다 와이파이를 찾는다. 대한민국은 IT 강국으로 어느 곳에든지 와이파이가 터신다.

2015년 YFC(십대선교회) 세계대회가 태국에서 있었다. 전 세계에서 청소년 선교 사역을 하는 사람들이 모였다. 많은 인원이 묵을 수 있는 숙소와 모일 수 있는 집회 장소가 도시에서 조금 떨어진 외진 곳에 마련되었다. 와이파이는커녕 로밍은 요금이 비싸서 쉽게 사용할 수 없는 상황이었다. 대회가 시작되고 이틀이 지나서야 집회 장소에서 와이파이를 쓸 수 있었다. 스마트폰을 켜고 가족에게 안부를 전하려는 순간, 당황스러운 문자 몇 통을 발견했다.

당시 몇몇 중학교에서 강사로 창의적 체험 활동 수업을 가르쳤다. 교육 현장에서 아이들을 만나고, 특히 문제 있는 학생들을 돌보며 복음을 전하는 것은 체력적으로나, 정신적으로나 엄청난 에너지가 소모되었다. 때마침 YFC 세계대회 때문에 잠시 휴강을 하면서 지친 심신을 회복할 수 있으리라 기대했는데, 이런 내 생각을 비웃기라도 하듯 수업이 가장 힘들었던 중학교의 담임 선생님에게 문자가 와 있었다.

'전도사님. ㅇㅇㅇ이 가출했어요.'

태국에서 내가 할 수 있는 일은 없었다. 그러나 가족에게 안부를 전하는 문자를 쓰면서도 계속해서 아이 생각이 들었다. 선생님도 내가 태국에 있다는 사실은 알고 계셔서 한국에 갈

때까지는 답장을 보내지 않아도 상관없었지만, 마음에 찜찜함이 남아 선생님에게 답장했다.

'선생님, ㅇㅇㅇ이 왜 가출을 했나요?'
'글쎄요. 요 며칠 학교를 안 나오고 있어요.'
'몇 번 가출한 경험이 있어서 돌아오기는 하겠지만, 그래도 걱정이 되네요. 혹시 전도사님이 연락해 주실 수 있으실까요?'
'네? 제가 지금 태국에 있어서 연락이 잘 될지 모르겠네요.'
'그래도 전도사님이 연락하면 ㅇㅇㅇ이 연락을 받을 거 같아요.'
'한번 연락해 볼게요.'

   연락하겠다고 말했지만, 솔직히 하고 싶지 않았다. 태국까지 와서 마음을 무겁게 하고 싶지 않았고, 어차피 연락이 안 될 거 같다는 생각이 들었다. 그러나 부담스러운 마음에 결국, 가출한 학생에게 문자를 보냈다. 내심 답장이 오지 않았으면 하는 바람이었다. 나의 바람이 무색할 정도로 "잘 지내고 있냐."는 문자를 보낸 지 30초 만에 답장이 왔다.

'네, 샘. 잘 지내고 있어요. 어쩐 일이세요?'
'그냥 어찌 지내나 해서. 살아 있지?'

'하하하 당연하죠. 샘은 어디세요?'
'난 태국이다. 하하'

'헐. 거긴 왜 가신 거예요?'
'그냥 쉬러 왔어.'

'와…. 좋겠네요. 나도 쉬고 싶네요.'
'다음 주에 한국 돌아가는데 한국 가면 얼굴 한번 보자.'

'네, 좋아요.'
'그때까지 살아 있어야 한다. 꼭 얼굴 보자.'

'하하하. 네.'

분위기가 무거워질까 봐 가출에 관한 얘기는 일부러 하지 않았다. 다행히 밝은 분위기였다. 일단 연락이 되었다는 것에 감사했다.

와이파이가 가장 먼저 터졌을 때, 연락했던 사람은 가출한 여학생이었다. 와이파이가 안 되니 누구의 연락도 받지 않고 편히 쉴 수 있어 좋다는 나의 마음과는 다르게, 하나님은 쉬지 않고 청소년을 만나기를 원하셨나 보다. 그래서 대회장에 그토록 와이파이가 빨리 설치되고, 문자를 보낸 지 30초 만에 답장이 왔었나 보다.

   우리는 살면서 힘든 일을 만날 때마다 하나님과의 관계가 끊겼다고 생각한다. 어떨 때는 교회에 가야만 하나님을 만난다고 착각할 때도 있다. 그러나 하나님은 매순간 우리와 함께하고 계신다. 와이파이가 끊기고 데이터가 느려질 때의 답답함과 당혹감은 느끼면서 하나님과의 관계가 끊기는 것은 느끼지 못한다. 오히려 어떨 때는 끊겨 있기를 바랄 때도 있다.

   기지국에 화재가 나서 마포구 일대의 통신망이 끊긴 적이 있었다. 매장에서 두 시간 동안 연락이 어렵고, 카드 결제도 어려웠다. 사람들은 결국 불편함을 이기지 못해서 기지국에 항의했다. 하나님과의 우리의 관계가 끊겼을 때 우리는 답답해하지 않는다. 오히려 내 맘대로 힐 수 있다고 생각힌다. 삶이 즐겁고 행복할 때는 하나님과 관계를 끊었다가, 뭔가 문제가 생기면 그때야 이어달라고 화를 내고, 떼를 쓰는 것이 바로 우리의 모습이다.

하나님과의 관계에서 와이파이는 '은혜'이다. 많은 성도가 "은혜 받았다."라고 습관처럼 말한다. '은혜'는 선물이다. 하나님께서 주시는 선물이다. 하나님을 믿는 누구나 받을 수 있다. 그러나 더 중요한 사실은 '은혜'는 이벤트와 같이 가끔 받을 수 있는 선물이 아니다. 잘하지 않았는데, 좋은 결과를 낳지도 않았는데 갑자기 받는 선물은 더더욱 아니다. '은혜'는 일분일초도 쉬지 않고 나와 함께 하시는, 와이파이와 같이 이어져 있는 하나님과의 관계이다.

어쩌다가 생각지도 못한 좋은 일이 생기면 "은혜입니다."라고 고백해야 하는 것이 아니라, 매순간이 '은혜'라고 고백해야 한다.

이 귀한 선물이 와이파이처럼 24시간 주어지기에 종종 '은혜'를 당연히 받는 것으로 여기며, 싸구려 취급할 때도 있다. 갑자기 공기가 사라지면 인간은 5분 안에 죽는다. 평생 공짜로 누릴 수 있게 주어진다고 해서 공기가 값어치가 없는 것이 아니라 오히려 값을 매길 수 없는 선물인 것이다. 마찬가지로 하나님이 나와 '일분일초'도 떨어져 계시지 않는다고 해서 하나님이 싸구려는 아니다. 와이파이가 되지 않는 곳에서 느끼는 답답함을 하나님과 관계에서도 느껴야 한다.

"단 하루도, 일분일초도 하나님의 은혜 없이는 살 수 없습니다." 이 믿음의 고백을 하나님께 드려야 한다. 그러나 고백만 하는 것이 아니라, 삶에서 드러나야 한다.

햇볕이 강렬한 선교지에서 두 시간을 땡볕에 걸었을 때 가장 먼저 생각나는 것은 시원한 콜라 한잔이었다. 콜라를 마시는 순간 온몸의 세포 하나하나가 환호를 지르는 듯한 상쾌함이 느껴졌다. 하나님께서 매일 보내주시는 은혜의 와이파이가 우리 삶에 다시 연결되었을 때, 이처럼 감동과 감격이 있는 신앙생활을 하며 살 수 있다.

 은혜의 와이파이!!

4명이 좋다? 아니 혼자가 좋다

"너희가 온 마음으로 나를 구하면
나를 찾을 것이요 나를 만나리라."

예레미야 29:13

　사춘기 시기에 중요한 것은 독립이다. 그동안 의지했던 부모로부터의 독립이다. 익숙했던 것에서 멀어져 자기만의 공간, 친구들, 취미를 만들어 가는 시기이다. 혼자만의 시간이 필요하다. 사색하고, 자기를 돌아볼 수 있는 시간이다. 그러나 한국의 청소년들은 이 시간이 충분히 주어지지 않는다. 혼자만의 시간을 즐기려고 하면 친구들과 어울리지 못하는 왕따라고 생각해서 부모는 그런 자녀를 보면서 염려한다. 친구들과 어울리지 못한다고 생각하기 때문이다. 그러나 사색에 잠긴 청소년은 전혀 외롭지 않다. 오히려 혼자만의 시간이 필요하다.

중학교 여학생들은 짝을 이뤄서 논다. 보통은 네 명이다. 혹시라도 싸우면 둘씩 함께 지낸다. 세 명이 모이면 둘, 하나로 짝이 맞지 않아서 어떻게 해서든 네 명을 이루려고 한다.

원치 않는 친구와도 사귀어야 한다. 혼자 밥 먹는 시간도 필요한데 혼자 밥 먹으면 이상하게 보기 때문에 친구를 만들려고 노력한다. 하루는 수업하러 간 중학교에 조금 일찍 도착한 적이 있었다. 점심시간이라 놀고 있는 중학교 3학년 무리를 보았다. 덩치가 큰 남학생 두 명이 체구가 작은 친구를 괴롭히고 있었다. 엄밀히 말하면 장난을 가장한 괴롭힘이었다. 머리를 때리고 발로 차고 욕을 하고 있었다. 다가가 제재하면 "그냥 장난치고 노는 건데 왜 그러세요?"라고 할 게 뻔했다. 점심시간이 끝나고 무리가 교실로 돌아가려고 하는데 괴롭힘을 당하던 친구가 자신을 괴롭힌 친구들을 따라가고 있었다. 분명 싫으면서도 어쩔 수 없이 무리에 끼려고 괴롭힌 친구들을 따라가는 왜소한 친구의 모습을 보며 씁쓸함을 느꼈다.

싫으면 그냥 혼자 있어도 되는데 청소년들은 굳이 친구랑 어울려야 한다. 체구가 작은 친구는 반에서 소외당하는 친구였고, 자기에게 장난을 치는 친구들이라도 필요했나 보다. 그래서 아프고 싫지만, 그들이라도 함께 있기를 원했던 거 같다. 대한민국의 청소년은 혼자 있는 법을 배우지 못했다. 어느 무리든지 들어가서 그곳의 일원이 되어야 한다. 그러지 않으면 문제아로 찍히게 된다.

　초등학교에서 중학교로 진학할 때는 다니던 초등학교 근처의 중학교로 진학하기 때문에 같은 학교 친구들과 함께 중학교에 다닐 수 있다. 그러나 중학교에서 고등학교로 진학하는 청소년들은 고민이 많다. 잘못 배정이 되는 경우 아는 친구 하나 없는 고등학교를 배정받아서 혼자 점심을 먹어야 한다는 스트레스를 받을 수 있기 때문이다.

　한 여학생이 집에서 한 시간이나 멀리 떨어진 곳으로 고등학교를 배정받아 친구 중에 자신만 떨어지게 되었다. 그 고등학교에는 같은 중학교 출신이 하나도 없었다. 며칠을 고민하던 여학생은 교회 친구들에게 같은 고등학교에 배정받은 다른 친구들 좀 소개해달라고 하면서 한 달이나 염려하며 스트레스를 받았다. 교회의 몇몇 학생들이 자기 일처럼 걱정하며 소개 해주었다. 다행히 그 여학생은 고등학교에서 새로운 친구들을 사귀면서 문제없이 고등학교 생활을 할 수 있었다.

혼밥은 이상한 문화가 아니다. 어른도, 청소년도 얼마든지 혼밥할 수 있다. 맛있는 음식을 혼자 사색하면서 얼마든지 즐길 수 있다. 혼밥이 어려운 이유는 단지 주변의 시선 때문이다. 가족들도 염려한다. "친구는 있니?", "어떤 친구가 공부를 잘하니?" 등 질문의 초점은 항상 자녀 주변이다. 청소년 시기는 독립을 위해 사색하는 시간이 필요하다. 오롯이 혼자 서는 법을 배우는 중요한 훈련의 시간이다.

하나님과의 만남도 개인적인 만남이 필요하다. '우리 교회의 하나님', '우리 가족의 하나님', '우리 단체의 하나님'이 아니라, '나의 하나님', '오은국의 하나님'을 만나야 한다. 하나님은 나를 지으셨고, 나에 대해서 잘 아신다. 내가 지금 어떤 상황인지, 어떤 감정인지, 어떤 걸 원하는지 잘 알고 계신다. 하나님과 깊은 대화가 필요한 시기가 청소년 시기이다. 자신의 정체성을 알고, 나는 어떤 사람인지를 확인할 수 있는 때이다. 청소년들은 이 때 사색을 통해서 하나님과 깊은 교제를 할 수 있다.

청소년을 외계인에 빗대는 사람들이 있다. 자신들과는 다른 생각과 행동을 한다고 생각한다. 지극히 자기중심적인 사고이다. 반대로 생각하면 외계인 입장에서는 지구인이 외계인이 된다. 하나님은 청소년을 외계인으로 만들지 않으셨다. 청소년 시기는 인생의 가장 빛나고 멋진 때이며, 하나님을 만나기 가장 좋을 때이다.

안경 렌즈의 색상에 따라 세상이 달리 보이는 것처럼, 어떤 프레임을 가지고 청소년을 보느냐에 따라 보여 지는 청소년의 모습이 다르다. 하나님은 용서와 사랑의 눈으로 우리를 보신다.

유대인들은 죄를 짓고, 하나님의 징계를 당하고, 회개하고, 죄를 짓고…를 반복한다. 똑같은 죄를 짓는다. 그래도 하나님은 용서하신다. 노아의 홍수 때도 마찬가지다. 하나님이 만드신 세상을 다 쓸어 없애고 다시 세상을 만드셔도 되지만 하나님은 버리지 않으시고 끝까지 사랑하신다. 하나님은 우리를 끝까지 사랑하시고 돌이킬 기회를 주신다. 그 하나님의 사랑을 경험한 우리가 주님의 마음으로 청소년을 바라본다면 어떨까.

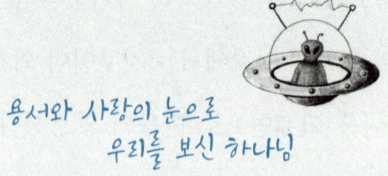

용서와 사랑의 눈으로
우리를 보신 하나님

난 거룩한(?) 목사가 아니다

"그리하여야 너희가 거룩하고 속된 것을 분별하여
부정하고 정한 것을 분별하고."

레위기 10:10

거룩은 구별되는 것을 의미한다. 수많은 닭 속에서 구별된 오리, 잡초 속에서 구별된 잘 익은 벼처럼 말이다. 우리는 때로 거룩해 보이기 위해서 가면을 쓰기도 하고, 멋진 옷으로 스스로를 치장하고 뽐내려 노력한다.

그러나 누가복음 20장 46절에서 예수님은 "긴 옷을 입고 다니는 것을 원하며 시장에서 문안 받는 것과 회당의 높은 자리와 잔치의 윗자리를 좋아하는 서기관들을 삼가라."고 말씀하셨다.

겉치레에 신경 쓴다고 해서 나의 신분이 바뀌는 것은 아니다. 그럼에도 불구하고 우리는 다른 사람에게 어떻게 보이는 지가 중요해서 옷과 머리 모양에 신경 쓴다. 모임에서 자리 선점이 중요한 이유도 마찬가지이다.

교회사역을 하면서 가장 불편했던 것이 복장이었다. 주중에 학교에서 청소년들을 만나느라 티셔츠에 청바지를 입고 운동화를 신었지만, 주일에는 정장과 구두를 신어야 했다. 한번은 목사님께 건의했다.

"목사님 혹시 청소년부 예배할 때 편하게 티셔츠와 청바지와 운동화를 신으면 안 될까요?"
"나도 그렇게 해주고 싶은데 교회에서는 청소년들만 만나는 거 아니잖아요. 성도들이 별로 안 좋아해요."

호주에서 청소년 집회를 마치고 돌아오는 비행기에서 한 청소년이 대뜸 내게 이런 말을 건넸다.

"제가 집회 기간 동안 목사님의 설교도 듣고 목사님의 모습을 봤는데 목사님은 거룩하지 않은 거 같아요."

"그런 말 하는 거 아냐. 그렇게 생각해도 생각나는 대로 말하는 거 아냐."

옆에 있던 어머니가 마치 자신의 생각이 들킨 냥 당황하듯이 말리는 그 상황에 웃음이 났다.

나는 그 아이에게 왜 그렇게 생각했는지 물어봤다.

"다른 목사님들은 머리를 2:8로 가르마를 타고, 정장을 입잖아요. 그런데 목사님은 아니잖아요."
역시 청소년은 솔직하다.
"그리고 목사님은 청소년들과 함께 있는 모습이 꼭 청소년 같았어요."

구별의 기준을 외형에서 오는 옷으로 또는 외모로 판단할 수 없다. 또한, 판단 기준을 다른 사람들로 기준점을 잡는다면 성경에 나오는 참된 의미의 거룩한 삶은 살아갈 수 없다.

중학교 창의적 체험 활동, 자유학기제 수업의 강사로 일주일에 2~3시간 수업을 한다. 수업 내용은 연극이나 영화로 자신의 정체성을 찾고, 대인관계, 꿈과 비전에 대한 것을 다룬다. 한 학기 일 년 단위로 수업을 하고, 마지막 수업 때는 복음을 전하고 있다.

"하나님이 너희를 사랑해. 하나님이라는 분이 너희들 한 사람 한 사람을 사랑해. 그래서 자신의 독생자 아들을 십자가에 내어 주시면서 사랑한다고 말씀하고 계셔. 교회 나가라는 말이 아니야. 하나님이 너를 사랑하고 있다는 사실을 기억했으면 좋겠어. 그리고 실은 나 목사야."

내가 목사라는 말에 수업 받던 청소년들은 깜짝 놀란다. 놀라기는 해도 나의 선물과 말, 메시지를 거부하지는 않는다. 이미 그들과 좋은 관계를 맺은 상황이기 때문에 내가 목사이든 아니든 중요한 문제가 아니다. 관계가 좋은 선생님이 하시는 말씀이기에 편하게 그리고 거부감 없이 복음을 받아들인다.

목사니까 입어야 하는 옷은 없다. 목사니까 해야 하는 머리 모양도 없다. 중요한 것은 삶이다. 이미 난 세상이 생각하는 목사라는 모양과는 상관없이 세상에서 구별된 삶으로 하나님과 동행하며 살아가고 있다.

우리는 구별할 수 있는 능력이 있어야 한다. 먹어야 할 것과 먹지 말아야 할 것을 구별할 수 있듯이, 함께 어울려야 할 친구와 그렇지 않은 사람을 구별할 수 있듯이, 하나님 믿는 사람으로 해야 할 행동과 그렇지 못한 행동을 구별할 수 있어야 한다. 그것이 참된 거룩함이다. 구별된 삶으로 살아가도록 노력하는 것이 신앙인의 모습이다.

어른들은 청소년들이 올바른 선택을 할 수 있도록 거룩한 삶으로 본을 보여주는 신앙인이 되어야 한다. 빨간불에 멈추고 파란 불에 건너야 하는 기본적인 규범을 지키는 것부터가 거룩한 삶의 시작이다. 거룩은 겉으로 드러나는 것, 꾸미는 것으로 판단하면 안 된다.

누가복음 20장 47절을 이어서 보면, 보여 지기 좋아하는 서기관들 때문에 과부들이 배고프고 고통을 당하고 있다. 지금 시대에도 똑같은 일이 크리스천과, 청소년들 사이에서 일어나고 있다. 청소년이 왜 교회 오지 않을까 고민히기 전에 닌 과연 구별된 삶을 살고 있는가. 교회에서 모습과 교회 밖에서의 나의 모습은 같은가. 정말로 거룩한 삶은 무엇인가를 고민해 보는 것은 어떨까.

과연 구별된 삶을 살고 있는가??

아빠, 거기 있죠?

"내가 여호와를 항상 내 앞에 모심이여
그가 나의 오른 쪽에 계시므로 내가 흔들리지 아니하리로다."
시편 16:8

첫째 아들이 여섯 살 때의 일이다. 아내와 두 아들을 데리고 온 가족이 지방에 장례식을 다녀왔다. 다음날 일정 때문에 기차 막차를 타고 영등포역에 도착했다. 다행히 집이 있는 일산까지 한 번에 가는 광역버스 막차가 있었다. 종점인 영등포역에서 출발하는 버스이기에 자리가 딱 맞게 있었다. 첫째 아들 초은이는 맨 앞자리에 앉았고, 옆자리에는 20대의 여성이 앉았다. 둘째 아들은 아내와 함께 앉고 나는 초은이의 대각선 뒷자리에 앉았다. 막차라 그런지 출발한 지 얼마 안 되어 금방 만원이 버스가 되었다. 집에 도착하기까지 30분 정도 남아서 조금만 참으면 되겠지 라는 생각이었다. 버스에 사람들이 타면서 서서 가는 사람들이 많아지자, 대각선에 앉은 초은이가 보이지 않았다. 얼마 지나지 않아 초은이의 떨리는 목소리가 들렸다.

"아빠."
곧바로 또 초은이가 나를 불렀다.

"초은아, 왜?"
"아빠…거기 있어요?"

내가 보이지 않아서 초은이가 걱정하고 있었다. 사람들이 많아서 내가 일어날 수도 없고, 다가갈 수도 없는 상황이었다. 기다리자 싶었다. 다시 초은이가 나를 불렀다.

"아빠."
많이 떨리는 목소리였다.

"초은아, 괜찮아. 아빠 여기 있어."

아내와 난 처음에는 아빠를 애타게 찾는 초은이가 귀여웠다. 그러나 시간이 지날수록 초은이의 목소리는 심하게 떨렸고, 사람들로 꽉 찬 버스 안에서 나는 움직일 수 없었다. 그런 상황에서 계속해서 부르는 목소리에 슬슬 짜증이 나기 시작했다.

"아빠아아…"
"초은아. 아빠 여기 있다니까. 걱정하지마."

사람들 때문에 화를 내지도 못하고, 이내 나도 불안해지기 시작했다. 그렇게 몇 분씩 간격으로 나를 찾는 초은이에게 나는 대답도 하고 어르기도 하면서 30분의 시간을 보냈다.

정거장에 도착해서 나는 많이 놀랐다.

초은이의 온몸이 젖어 있었다. 얼굴은 눈물과 콧물로 뒤범벅이 되어 있었다. 나에게 30분은 짧은 시간이었지만 아빠가 보이지 않았던 초은이에게 이 시간은 3일 또는 30일과도 같은 시간이었다. 정거장에 내려서 안도의 숨을 쉬면서 눈물을 흘리는 초은이를 안아주었다.

"아빠는 절대로 초은이를 떠나지 않을 거야. 약속할게."

초은이가 비로소 웃었다.

초은이가 아빠를 찾듯이 우리는 하나님을 찾아야 한다. '하나님, 어떻게 해야 합니까?', '하나님, 어떤 걸 결정해야 합니까?' 충분히 물으며 살고 있는가. 하나님의 음성을 듣기 위해 얼마나 많은 시간을 보내고 있는가.

믿음은 하나님이 나를 도우신다는 신뢰에 따른 행동이다. 어린아이가 아빠를 의지해서 깊은 수영장의 물에 뛰어들 수 있는 것처럼, 아빠가 뒤에서 잡아 주고 있을 거라는 걸 알기에 과감하게 자전거의 페달을 밟는 아이처럼, "내 뒤에 엄청나게 위대한 보호자가 있는데 두려울 것이 무엇입니까!"라는 다윗의 고백으로 세상과 맞서 싸우는 것이 믿음이다.

다윗이 골리앗과 싸우면서 사울 왕이 주는 갑옷과 칼을 사용하지 않은 것은 자신에게 맞지 않는 사이즈이거나 또는 그동안 사용해 보지 않은 물건에 대한 어색함일 수도 있다. 그러나 다윗은 그보다 더 크고 중요한 무기인 믿음이 있었다.

'…하나님의 이름으로 네게 나아가노라."

사무엘상 17:45

다윗의 뒤에는 하나님이 계셨다. 하나님이 계신다는 걸 알기에 군인의 갑옷과 칼은 필요가 없었다. 하나님이 싸우시는 것을 믿었다. 시험이 들면 우리가 사단과 싸운다고 생각하지만, 그렇지 않다. 단지 우리를 유혹할 뿐이다. 유혹의 말에 넘어가고 난 후, 사단이 자신을 넘어뜨렸다고 한다. 사단은 어떻게든 넘어지게끔, 다른 선택을 하게끔, 실수하게끔, 하나님을 멀리하게끔 만들려고 한다. 그러나 사단은 우리를 절대로 건들 수는 없다. 뒤에 하나님이 계시기 때문이다.

필리핀 선교를 갔을 때, 길거리 쓰레기 더미에서 음식을 찾는 아이들을 보면서 마음이 아파서 하나님께 기도했다.

'왜 가난한 사람들을 그냥 보고 계십니까?'

다른 때는 응답이 늦게 오는데 이럴 때는 항상 빠르다.
'너 때문에.'

그때는 무슨 뜻인지 몰랐다. 뉴질랜드에서 사역을 마치고 돌아왔을 때 이제는 청소년 사역에서 벗어나 안정적인 사역을 하고 싶었다. '청소년 사역은 목회를 위한 지나가는 과정 중의 하나'로 여겨졌기 때문이다. 그러다 새문안교회 학원선교회에서 강의 요청이 들어왔다.

새문안교회는 서울에 있는 중·고등학교를 대상으로 재정적 지원과 수업의 강사 지원을 하며 자연스럽게 복음을 전하고 있었다. 다음 세대의 중요성을 깨닫고 온 성도가 청소년 선교를 위해 애쓰는 중이었다. 그렇게 현재 선교 중인 여러 학교 중 한 학교의 수업을 해달라는 요청이었다.

뉴질랜드에서 돌아와 오랜만에 만나는 청소년들이라 긴장하며 수업하러 갔다. 수업에는 35명의 청소년이 창의적 체험 활동을 신청했다. 그런데 분위가 이상했다. 30명의 남녀 중학생은 딱 봐도 일진 같은 느낌이었고, 5명은 무리에서 소외된 친구들 같은 분위기였다. 나중에 알아보니 30명은 학교에서 유명한 남녀 문제 청소년이고, 5명 중의 4명은 신청에 밀려서 어쩔 수 없이 수업에 참여한 상태였다. 한 명은 학교에서 아웃사이더인 청소년이었다. 수업 시간 내내 건방지게 말하고, 수업을 방해하고, 쉬는 시간에는 교회 화장실에서 아무렇지 않게 담배를 피웠다.

'하나님 저 이제 청소년 사역 그만할래요. 왜 저는 맨날 이런 애들만 만나야 합니까? 좀 신앙 좋은 친구들, 착한 친구들 만나면 안 됩니까?'

그렇게 혼자 넋두리하면서 읽었던 말씀이 누가복음 21장이었다. 과부의 헌금이 나오는 장면이다. 누가복음 20장에 과부의 가산을 훔치는 서기관을 질책하고 있는데 성전에 과부가 들어와 헌금하고 있다. 그런데 과부가 헌금함에 넣은 동전이 너무도 크게 들렸다. 당시 성전에 있는 헌금함은 입구가 나팔 모양이었다. 그래서 헌금이 헌금함에 떨어지면 소리가 나팔 모양으로 인해 크게 들릴 수밖에 없었다. 소리로 얼마의 헌금을 냈는지 알 수 있다. 예수님은 과부가 낸 금액을 알 수 있었다. 없어서 그것밖에 못 낸 것이기도 하지만 과부의 가산을 훔치는 서기관들 때문에 더 궁핍하고 어려웠을 것이다. 그 과부를 바라보는 예수님의 얼굴이 갑자기 떠올랐다.

내가 생각한 예수님의 얼굴은 당장이라도 눈물을 흘리실 거 같은 모습이었다. 아무도 보살피지 않는 과부를 향해 '가진 돈이 없는 저 과부를 누가 돌볼까?' 하는 표정이었다. 그 표정이 지금 내가 만나는 청소년을 향하고 있었다.

많은 사역자가 청소년 사역이 힘들다고 얘기를 한다, 예의 없는 아이들을 만나는 것과 어떤 얘기를 해도 변하지 않는 벽에다 대고 이야기하는 기분 등을 이야기한다. 그런데 하나님은 "그런 청소년에게 아무도 가지 않는다면 누가 하나님의 사랑을 전할 수 있을까."라는 감동을 주셨다.

그날 성전의 과부를 보면서 눈물짓는 예수님의 모습을 기억하며 현재까지 40개 이상의 중·고등학교에서 청소년들에게 복음을 전하고 있다. 내가 한 것이 아니다. 하나님이 나와 함께 하시고, 나를 보내셨다.

'은국이 네가 해준다면 내가 너의 뒤에서 든든한 빽이 되어 줄게. 넘어져도 내가 항상 너를 뒤에서 받쳐줄게. 염려하지 마, 두려워하지 마, 걱정하지 마.'

청소년들 만나는 게 점점 어려워지고, 변화 없는 모습에 지쳐

있을 때, 하나님은 나에게 내가 해야 하는 일이기 때문에 지금까지 그 자리에서 청소년을 만나게 하셨다는 깨달음을 주셨다. 하나님께서 나를 사용해서 하나님의 선교를 하고 계신다. 하나님이 나를 총알받이로 내세우신 것이 아니라 나를 앞에 세우시고 하나님이 뒤에서 일하고 계신다.

하나님이 함께하시지 않는다고 실망하기 전에, 더 이상 할 수 없다는 회의감에 잡혀 있을 때, 넌지시 이렇게 물어보자.

'하나님, 거기 있죠?'

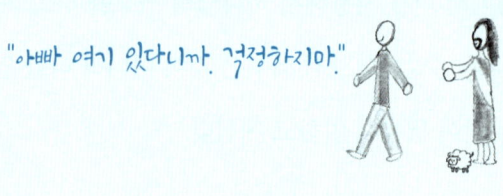

"아빠 여기 있다니까. 걱정하지마."

넌 커서 뭐가 될래

"네 평생에 너를 능히 대적할 자가 없으리니

내가 모세와 함께 있었던 것 같이 너와 함께 있을 것임이니라

내가 너를 떠나지 아니하며 버리지 아니하리니."

여호수아 1:5

중학생이 된 청소년들은 학년에 따라서 듣는 말이 있다.

중학교 1학년 때는 "넌 꿈이 뭐니?"

중학교 2학년 때는 "너 중2병이니?"

중학교 3학년 때는 "넌 장래 희망이 뭐니?"

중학교 1학년부터 고등학생 3학년까지의 청소년 기간, 가장 많이 듣는 말이 "넌 꿈이 뭐니?"라는 질문이다. 그런데 그렇게 물어보는 어른들 가운데 자신의 꿈을 온전히 이루고 사는 사람이 얼마나 될까. 그때 꾸었던 꿈을 기억 못할 지도 모른다. '내가 살아보니까… 이렇다.'라는 마음으로 물어본 것이라면 어쩌면 묻지 않는 것이 나을 지도 모른다.

첫째 아들 초은이가 5학년 때 진로에 대한 설문 조사를 했다. 진로에 대한 관심과 고민을 묻는 설문 조사였는데, 과반수가 아직 하고 싶은 것을 잘 모르겠다고 답했다.

"초은이는 하고 싶은 게 없어?"
"네."

"관심 있는 건?"
"사실 아직 잘 모르겠어요.

맞다. 꿈을 정하기에는 아직 아는 게 많지 않다. 뭘 알아야 꿈을 정하는데 아는 게 없으니까 하고 싶은 것도 없고, 관심 있는 분야도 없는 것이다. 중학교에서 수업하면서 꿈을 정한 사람이 있는지 물어보면, 원하는 직업이나 바라는 꿈을 가지고 있는 청소년은 3분의 1도 되지 않는다. 부모님을 비롯한 어른들은 그 모습이 답답하다고 느낀다.

그러나 우리도 어린 시절에 꿈을 정확하게 찾지 못했기 때문에, 지금도 여전히 꿈을 좇아가고, 자기 적성에 맞는 것을 찾는 건지도 모르겠다. 그리고 그 시절의 자신과 같은 청소년들에게 꿈이 무엇이냐고 거듭 묻는 건지도 모르겠다.

중학교 1학년이 마칠 때쯤 초은이가 하고 싶은 것이 생겼다. 마블 영화, 특히 아이언맨을 좋아해서 그런지 돌연 기계공학자가 되고 싶어 했다. 기쁜 한편 미안하기도 했다. 초은이는 아이언맨처럼 멋진 기계를 만들기를 꿈꿨지만, 난 아이언맨의 아버지처럼 부자가 아니었다. 실제로 아이언맨 같은 것을 만들려면 상상을 초월하는 금액이 든다고 한다.

"기계공학자가 되고 싶은 마음이 생긴 건 다행인데, 아빠는 아이언맨의 아버지처럼 부자가 아닌데 어쩌냐?"

"하하하 괜찮아요. 저는 저만의 자동차를 만들고 싶어요."

자동차에 관심이 많은 나의 영향인지 자동차에 관심을 두더니 자동차 공학자가 되고 싶다고 했다. 물론 지금의 관심은 언제든지, 얼마든지 바뀔 수 있다. 성적이 안 좋아서, 과정을 밟는 중에 다른 꿈을 꿀 수도 있고, 하나님께서 다른 길을 보여주실 수도 있다. 어렸을 때 꿈꾸었던 걸 끝까지 이루면서 사는 사람은 많지 않다. 살아가는 상황 속에서 변할 수도 있다. 특별히 하나님을 믿는 사람은 하나님과 깊어진 관계를 통해 하나님의 비전을 이루기 위해 더 많은 꿈을 꿀 수도 있다.

오랜 세월 청소년 사역을 하고 있으니까 나를 아는 사람들은 내 비전이 청소년 선교라고 생각한다. 그러나 나의 비전은 청소년 선교가 아니다. 나의 비전은 '하나님' 그 자체이다. 비전은 인생의 최종 목적이다. 직업은 목적을 이루기 위한 목표이다. "청소년들에게 뭐 하고 싶니?"라고 묻는 건 "직업으로 무엇을 하면서 살래?"라고 묻는 것이다. 그건 비전이 아니다. 나의 비전이 하나님이기 때문에 하나님을 기쁘시게 하시기 위해 나는 지금 청소년 선교를 하고 있다. 그러다가 언젠가 하나님이 다른 일을 통해서 하나님을 기쁘시게 하는 일에 나를 쓰기 원하신다면 난 그 일을 할 것이다. 그렇다고 해서 나의 비전이 바뀐 것은 아니다. 하나님이라는 비전을 위해서 나의 방법들이 달라진 것이다. 방법이 비전이라고 착각하면 직업 선정에만 집중하게 된다. 그래서 청소년들이 직업 선택의 어려움을 겪는다. 직업 선택은 인생의 과정일 뿐이다. 그것이 전부처럼 되어버리면 나중에 다른 직업으로 옮기려 해도 두려워한다.

나는 중학교 때 꿈이 가수였다. 음악을 공부하기 위해서 특성화 고등학교인 공업고등학교 자동차과에 갔다. 음악을 공부하는데 왜 공업고등학교에 갔냐고 많이 묻는다. 당시에는 음악을 공부할 수 있는 학교들이 많지 않아서 혼자서 공부하는 경우가 많았다. 또 예술 고등학교에 가고 싶었지만, 가난한 부모님은 아들의 꿈을 듣고 한숨을 쉬셨다. 그래서 학교 수업이 일반 고등학교보다 일찍 끝나는 특성화 고등학교에 진학했다. 혼자서 꿈을 꾸는 것은 쉽지 않다. 꿈은 의지를 통해서 가까워진다. 의지는 혼자서 어렵다. 응원해 주고 관심을 받으면 의지는 더 불타오를 수 있다. 가끔 부모 상담을 하면 자녀가 꿈이 없다고 걱정한다.

"아들이 관심 있는 게 없어요. 매일 게임만 하고 공부를 안 해요."

이런 문제들은 대부분 두 가지 이유 때문이다. 첫째, 아직 아는 것들이 많지 않기 때문에 관심이 없다. 둘째, 꿈은 꾸었지만 허황한 꿈이라고 응원하는 사람이 없어서 이미 사라졌다.

초등학교 3학년 때 특수부대 군인 출신의 스파이를 보면서 나도 그렇게 되고 싶었다.

"엄마, 난 커서 멋진 군인이 되어서 세계를 돌아다니는 스파이가 될래."

"그래? 열심히 해봐. 열심히 하면 뭐든지 될 수 있을 거야."

말도 안 되는 꿈인데 어머니는 그게 뭔지도 모르시지만, 아들이 신나서 얘기하는 꿈을 응원해 주셨다. 물론 난 특수부대도 안 갔고, 스파이는 더더욱 되지 못했다. 그러나 여전히 난 꿈을 꾸고, 어머니는 여전히 응원해 주신다.

둘째 아들 형은이는 의사가 되는 것이 꿈이었다. 나름 의사 아들을 둔 내 모습을 상상하며 기대할 때가 있다. 의사가 되기를 원하는 건 내 욕심이지만 형은이를 향한 하나님의 욕심은 다를 수 있다. 하나님께서 형은이를 어떻게 사용하실지는 모른다. 가끔 자동차 공학자가 꿈인 초은이가 하는 질문은 어느 정도 대답해 줄 수 있는데, 형은이의 질문은 답하기 어려울 때가 많다. 처음에는 아내에게 물어보라고 했다가, 이것도 한계에 다다랐다.

"형은아, 미안한데 나도 잘 모르겠어. 그런데 나도 그게 궁금해. 나중에 형은이가 의사가 되면 아빠한테 꼭 알려주면 안 될까? 내가 형은이가 의사가 되도록 응원할게."

형은이에게는 의사가 되어야 하는 이유가 한 가지 더 생겼다. 잘 모르는 아빠를 가르쳐줘야 하기 때문이다. 나의 응원은 형은이가 꿈을 이루어야 하는 이유가 되었다. 어떤 직업이든 원하는 걸 이루면 좋겠지만, 안 되도 괜찮다. 아직은 모르는 것이 더 많은 청소년들에게 가장 필요한 것은 응원이다. 질문보다는 확신의 부담 보다는 그저 내 자녀이기에 할 수 있는 응원이 필요하다.

청소년들은 꿈이 없는 게 아니다. 아직 모를 뿐이다. 어떤 일들이 있고, 어떤 사람들이 있는지 모르기 때문에 하나씩 경험해 가는 것이다. 그런 아이들을 응원해 주고 지지해주자. 누군가의 기대 때문에 조급한 마음에 갖게 되는 꿈은 오래가지 못한다.

어렸을 때 꾸었던 꿈을 이루지 못했다고 해서 "왜 하고 싶다던 걸 안 하고 있니?"라고 묻지 말아야 한다. 하나님께서 원하시는 방향으로 가도록 조건 없는 격려와 응원이 필요하다.

신앙이 좋다고 소문난 집사님이 매 주일 자기 아들이 예배에 참석했는지 나에게 물었다. 예배에 참석하지 않았다고 하면 항상 같은 이유를 댔다.

"어제 늦게까지 공부하느라 늦잠을 잤나 봐요."

그러면서 레퍼토리처럼 하는 얘기가 있었다.

"저는 우리 아들이 좋은 대학 가고, 좋은 성적 얻는 것보다 하나님 잘 믿어서 예배 잘 드리고 하나님의 자녀가 됐으면 좋겠어요."

어머니와 아버지의 신앙을 닮아 하나님을 잘 믿는 아들이 되기를 바라셨다. 그런 부모의 바람대로 아들은 말은 별로 없지만, 하나님을 잘 믿고 있었다. 가끔 학원과 시험 때문에 예배를 안 올 때도 있어도 딱히 문제는 없었다. 그러나 그런 부모도 정작 예배드리고 수련회 참여하는 교회 일에는 항상 학원과 시험을 핑계로 참여하지 못하게 했다. 어쩌면 자신의 말처럼 하나님께 온전히 맡겼다면 하나님께서 자녀의 앞길을 잘 인도하셨을 것이다. 버스에 타서 운전사가 인도 하는 대로 가면 되는데 자꾸 버스를 타고선 택시에 탄 것처럼 자신이 아들을 조정하고 있었다.

"기사님이 잘 아시니까 알아서 잘 가주세요. 아니 근데 이쪽 길보다는 이렇게 가야죠."

아이들은 커서 뭐가 될까? 둘 중 하나이다. 하나님의 인도하심대로 사는 사람, 그냥 하나님을 아는 사람. 하나님께 온전히 맡기면 어떨까. 우리의 작은 두려움마저 하나님께 드린다면 우리 아이들이 더 쉽게 하나님을 만날 수 있을 것이다. 내 두 아들이 원하는 직업을 가지지 않아도 여전히 응원할 거고, 오은국의 인도가 아닌 하나님의 인도대로 가길 소망한다.

여호수아 1장 9절에서 하나님께서 여호수아에게 "강하고 담대하라 두려워하지 말며 놀라지 말라 네가 어디로 가든지 네 하나님 여호와가 너와 함께 하느니라"라고 하신 말씀이 청소년들에게도 하시는 응원이다. 사랑하는 내 자녀를 위해서 목숨이 다하는 순간까지 기도하며, 응원해야 한다. 나머지는 주님께서 하신다. 내 자녀가 어떻게 되기를 바라기보다는 하나님의 응원 속에서 살아가는 삶이 되도록 응원해야 한다. 자녀의 이름을 넣어가며 틈이 날 때마다 응원을 해주자.

'화이팅!!! ㅇㅇㅇ. 화이팅!!! ㅇㅇㅇ. 화이팅!!! ㅇㅇㅇ'

너의 삶을 응원해~

God loves you more deeply than words can ever express.

포카리스웨트

"하나님이 세상을 이처럼 사랑하사
독생자를 주셨으니 이는 그를 믿는 자마다
멸망하지 않고 영생을 얻게 하려 하심이라."

요한복음 3:16

중학교 1학년 때 처음으로 포카리스웨트를 먹어봤다. 더운 여름, 땀을 실컷 흘리고 돌아왔는데 냉장고에 포카리스웨트가 있었다. 처음 보는 음료가 우리 집 냉장고에 왜 있는지 알 수 없었지만 묘하게 끌리는 그 맛에 그날 이후 포카리스웨트 좋아하게 되었다. 그런 내 마음을 누가 알고 있던 것인지 매일 냉장고에는 포카리스웨트가 쌓여갔다. 나중에 이 음료가 매일 쌓이는 이유를 알게 된 뒤로 포카리스웨트는 내 인생 최고의 음료가 되었다.

어머니는 자녀의 미래를 위해 섬마을을 나와 서울로 가자고 결심하신 아버지의 뜻을 따르셨다. 그러나 서울 생활은 만만하지 않았고, 어머니는 생계를 위해서 파출부, 건물 청소부 등 돈을 벌기 위해서 열심히 일하셨다. 아침부터 저녁까지 일하고 오셔도 쉬지 않고, 동네 목욕탕에서 마감 청소하는 일까지 하셨다. 그래도 어머니는 좋아하셨다.

"어차피 씻어야 하는데, 목욕도 하고 좋아."

매일 목욕탕 청소를 하시면서 몇 천 원을 받으셨다. 목욕탕 사장님이 수고한 어머니한테 음료수 하나씩 가져가서 먹으라고 했는데 처음에는 일반적인 음료수를 가져오시다가 어느 날부터 포카리스웨트를 가져오셨다. 아들인 내가 잘 먹는 모습을 보고 그날부터 그것만 가져오셨다. 그렇게 매일 냉장고에는 포카리스웨트가 쌓이기 시작했다. 지금도 포카리스웨트를 어디서 보시면 챙겨서 가지고 계시다가 어김없이 나를 만날 때마다 주신다.

"은국이 네가 좋아하는 음료수다. 엄마가 챙겨놨어."

나에게 포카리스웨트는 선물이다. 어머니가 매일 매일 목욕탕에서 땀을 흘리며 청소해서 아들을 생각하며 목마름을 참고 가져오는 선물이다. 지금도 나에게 최고의 음료수는 포카리스웨트이다. 마시면 아픈 배도 낫고, 더운 여름 갈증도 해소되는 오아시스 같다. 어머니가 주신 선물인 포카리스웨트에서 깊은 사랑을 느낄 수 있다.

청소년 자녀를 둔 부모님은 자녀와의 관계가 점점 어려워진다고 걱정한다. '사춘기니까 어쩔 수 없다.'라는 핑계를 위안 삼는다.

사춘기 자녀와의 관계 개선을 위한 여러 가지 방법 중 하나는 자녀에게 선물을 주는 것이다. 선물을 받아서 기분 나쁜 사람은 없다. 그런데 상대방이 원하지 않는 선물. 즉, 내가 판단해서 준비한 선물은 상대방을 기분 나쁘게 할 수 있다.

부모는 어린 자녀에게 대부분 장난감을 선물한다. 장난감 선물을 받은 자녀는 소리 지르며 방방 뛴다. 그 모습을 보고 있으면 세상에서 가장 행복한 사람이 되는 듯한 기분이 든다.

뉴질랜드 선교를 마치고 한국에 돌아와 첫째 아들 초은이가 어린이집을 다닐 때의 일이다. 어린이집에서 자녀들에게 줄 성탄절 선물을 미리 보내면 산타 할아버지가 아이들에게 선물을 주겠다고 했다. 나는 왠지 성탄절에 산타 할아버지가 선물 주는 게 별로 탐탁지 않아서 진짜 선물은 성탄절 당일에 주고 어린이집에는 색연필 세트를 포장해서 보냈다. 어린이집에서 성탄절 선물을 나눠주는 날 산타 할아버지가 어린이들 한 사람 한 사람의 이름을 부르고 선물을 나누어주었다. 대부분은 자리에서 선물을 풀었다. 그때 난 아차 싶었다. 다른 친구들은 거의 모두 장난감 선물을 받았다. 산타 할아버지가 드디어 초은이의 이름을 불렀다. 포장지를 풀고 내용을 본 초은이는 알 수 없는 표정을 지었다. 장난감이 아닌 것에 대한 실망이었다. 내가 준비했지만 나도 실망했다. 그렇게 초은이를 집으로 데리고 가서 다음 날 아침 성탄절에 초은이에게 진짜 선물을 주었다. 초은이가 좋아하는 기차 장난감이었다. 아침에 일어나 선물을 받은 초은이는 소리 지르며 두 발을 모아 콩콩 뛰며 기뻐했다. 그 모습을 보고 '이래서 부모들이 자녀에게 선물하는구나.'라고 생각했다.

내가 부모들에게 '청소년 자녀에게 선물을 하세요.'라고 말하면 대부분 자녀가 원하는 선물보다는 부모가 생각하기에 지금 이 시기에 필요하겠다는 생각으로 선물을 준비한다. 학용품, 문제집, 읽어야 할 책 등이다. 그런데 청소년이 원치 않는 선물이다. 선물은 당사자에게 필요한 것을 했을 때 칭찬을 받고, 받는 사람도 행복해진다. 선물하는 부모 대부분은 어린 시절 자녀가 방방 뛰는 그 모습을 기대할 것이다. 그러나 청소년이 된 자녀는 더 이상 방방 뛰지 않는다. 부모로부터 자신이 원치 않는 선물을 받았기 때문이다. 부모의 마음은 자녀를 위하지만 자녀는 그 마음을 이해하지 못한다.

"너는 왜 엄마를 이해하지 못하니? 엄마가 너를 키우기 위해서 얼마나 고생하는데, 엄마 마음을 몰라주니?"

 청소년은 아직 엄마 아빠의 나이를 살아보지 못했다. 그래서 당연히 엄마 아빠를 이해하지 못한다. 오히려 청소년 시절을 살아본 엄마 아빠가 청소년을 이해해야 하는 거 아닌가. 인간은 망각의 동물인가 보다. 자신의 청소년 시절을 기억하지 못한다. 자세히 보면 엄마 아빠의 모습이다. 청소년 입장에서의 선물이 필요하다. 청소년 자녀에게 받고 싶은 선물을 물어보면 어쩌면 감당하기 어려운 선물을 얘기할지도 모른다. 그럴 때는 솔직하게 돈이 없다고 하거나 왜 지금 그 선물이 필요하지 않은지 설명해주면 된다. 아이에게 "네 나이에 그게 왜 필요하니?"라고 화내지 말아야 한다. 그러면 더 이상 받고 싶은 선물을 말하지 않기 때문이다.

비기독교 학교에서 연극과 영화강의로 청소년들에게 복음을 전하는 사역을 하면서 가장 신경 쓰는 부분은 수업이 끝나고 줄 간식이다. 학교 수업 세 시간 전에 마트에서 아이들이 좋아하는 간식을 준비해서 학교에 간다. 수업이 끝나면 간식을 꺼내서 한 사람, 한 사람에게 나눠준다. 간식을 주면서 생색내거나 복음을 전하지 않는다. 그저 "행복해야 한다.", "파이팅하자!"라는 멘트를 날린다. 그렇게 한 학기 또는 일 년 동안 수업 시간에 간식을 받은 청소년들은 마지막 수업에 내가 전하는 하나님의 복음에 대해서 거부감을 느끼지 않는다. 내가 자신들을 위해서 어떤 노력을 했는지 알고 있기 때문이다. 그래서 그동안 간식 먹은 값이라도 하듯이 내가 전하는 하나님의 이야기에 집중한다. 수업을 들은 70% 학생들이 복음을 받아들인다. 교회 가라 하거나 지금 당장 하나님을 믿으라는 이야기가 아니다.

"하나님이 너를 사랑해. 그래서 자신의 독생자 아들을 주기까지 사랑하신단다."

요즘의 청소년들은 '하나님', '예수님'이라는 이름을 알지 못한다. 그만큼 복음이 전해지지 않았다. 하나님의 사랑은 선물이다. 하나님은 선물로 독생자 예수 그리스도를 우리에게 보내 주셨다.

'We are the Reason'의 원곡 가사는 이렇게 표현하고 있다. 'A baby born one blessed night gave us the greatest gift of our lives. 어느 축복받은 밤에 태어난 한 아기가 우리의 삶에 가장 큰 선물을 주었다는 것을요' 하나님은 우리 삶에 가장 필요하고 없으면 안 되는 선물을 주셨다. 나를 만드신 하나님이 나를 너무도 잘 알기에 나에게 맞는 선물을 주셨다.

크리스마스 이브에 한 교회에서 성탄절 청소년 초청 행사를 하는데 프로그램 진행과 설교를 부탁했다. 성탄절 전날에 행사하는 교회가 드문 데 기쁜 마음으로 프로그램을 진행했다. 의외로 교회 안 다니는 친구들이 많았고, 흔히 말하는 양아치(?)가 많았다. 게임 선물도 많이 주고, 먹을 것도 많이 주고 마지막으로 성탄절의 의미를 설명했다. 하나님이 우리를 사랑해서 선물을 주신 날이라고 설명했다. 한 남학생에게 물었다.

"성탄절에 뭐 할 거니?"

교회 나오라는 말을 하고 싶었지만, 형식상 물었다. 남학생의 대답이 마음을 답답하게 했다.

"여자 친구랑 놀 거예요."
"지금 프로그램이 끝나면 꽤 늦은 시간인데 뭐 하고 놀 거야?"
"여자 친구랑 따로 좋은 시간을 보낼 거예요."

남학생과 주변의 친구들이 키득거리면서 웃었다.

"좋은 시간을 어디서 뭐 하며 보내는 거야?"
"에이, 알면서."

"아냐 몰라서 그래. 알려줘 봐."
"방을 하나 얻어서 여자 친구랑 사랑을 나눠야죠. 성탄절은 사랑을 나누는 날이잖아요."

남학생의 대답에 이루 말할 수 없는 비참한 마음이 들었다. 성탄절은 하나님의 사랑이 완성되는 날인데 슬펐다. 그 자리에 있던 남학생의 여자 친구가 그 말을 듣고 얼굴이 점점 굳어져 가고 있었다. 자신이 성적인 욕구를 충족시키는 존재이며, 다른 사람들 앞에서 웃음거리가 된다는 것에 분노하고 있었다. 그걸 눈치 챈 남학생은 더 이상 말하지 않았다.

하나님은 우리 한 사람, 한 사람에게 선물을 주셨다. 다이소에서 값싼 선물을 포장지에 싸서 누구인지도 모르는 사람에게 필요한지 필요 없는지 확인도 하지 않고 주는 그런 선물이 아니다. 내가 필요한 것이 무엇인지, 무얼 받고 싶어 하는지 너무도 잘 알고 주시는 선물이다. 그게 사랑이다. 부모가 자녀를 사랑하는 마음이다. 비록 자녀가 원하는 선물을 주지 못했지만, 자녀를 사랑하는 마음으로 준비한 선물이다. 여기에 청소년 자녀가 원하는 선물을 준비하면 최고의 선물이 된다. 하나님은 항상 앞서서 내가 원하는 것을 아시고 주신다. 하루하루가 하나님께서 주시는 선물을 경험하는 삶이 된다.

자녀에게 주시는 사랑의 선물~

내가 창피하니?

"어떤 사람은 병거, 어떤 사람은 말을 의지하나
우리는 여호와 우리 하나님의 이름을 자랑하리로다."
시편 20:7

늦은 오후에 선교회 사무실에 가려고 버스정류장에서 버스를 기다리고 있었다. 초등학교 5학년즈음으로 보이는 엄마와 아들이 버스정류장에 왔다. 엄마는 버스정류장에 붙은 전단지를 유심히 보고 있었다. 전단지의 내용은 근처 초등학교에서 방과 후 청소할 사람을 뽑는 전단지였다. 한참을 보던 엄마는 머뭇거리더니 아들에게 물었다.

"너희 학교에서 방과 후에 청소할 사람을 뽑는데… 엄마 이

거 할까?"

"돈 많이 주는 거야?"
"괜찮은 거 같은데."

"그래? 그러면 엄마 해봐."
"근데 아들이 다니는 학교라서 좀 그러네."

"그게 왜?"
"아니, 네 친구들이 엄마가 학교에서 청소한다고 하면 놀리지 않을까?"

"놀리면 어때. 괜찮아."
"그래도 아들이 학교 다니면서 엄마 때문에 놀림당하면 엄마는 슬플 거 같은데."

"무슨 상관이야. 엄마가 돈 벌어서 나 맛있는 거 사주고, 학원도 보내주는데."

"엄마가 창피하지 않겠어?"

"엄마가 왜 창피해. 엄마가 나를 위해서 일하는데 자랑스럽지."
"아들…. 고마워"

엄마와 아들의 대화가 나를 울렸다. 충분히 창피할 수 있는 조건이었다. 다른 학교도 아니고 아들이 다니고 있는 학교에서 청소부로 일한다는 건 아들의 친구들이 놀릴 수 있는 이유가 충분해 보였다. 그래도 아들은 엄마가 창피하지 않았다. 엄마가 왜 청소하려고 하는지 잘 알고 있었기 때문이다. 이유를 알기에 그것은 창피한 것이 아니라 자랑스러운 것이었다.

청소년들에게 복음을 전하기 위해서 나는 비기독교 학교에 간다. 기독교 학교는 기독교 정신을 바탕으로 수업도 하고 정기적인 채플 시간이 있어서 얼마든지 복음을 들을 기회가 많다. 그러나 비기독교 학교는 복음을 들을 기회가 부족하다. 요즈음 청소년들은 하나님, 예수님이라는 이름을 모르는 경우도 있다. 또한 성탄절 하면 예수님의 탄생보다 산타클로스를 떠올리기도 하고 이성 친구와 만나는 날로 생각하기도 한다. 그민큼 청소년들에게 복음이 전해지지 않은 것은 사실이다. 복음을 널리 전하기 위해서 비기독교 학교에서 강의를 한다. 예술과 인성 분야에 대한 중요성을 강조하는 요즈음에는 연극이나 영화를 가지고 인성교육을 하는 프로그램이 필요하다. '영화 속에서 내 모습 찾기'라는 강의 주제는 유익한 프로그램이기도 하다.

청소년에게 유익하고 교훈 있는 영화를 선정하여 함께 보고 강의를 한다. 혹은 연극 수업을 하기도 한다.

마지막 수업 시간에는 항상 '하나님의 사랑'에 대해서 나눈다. 그전까지는 목사나 선교사라고 소개하지 않는다. 마지막에 내가 목사라고 소개하면 항상 놀란다.

수업 마지막 날 그날도 '하나님의 사랑'에 대해서 소개했다. 목사라는 신분도 드러냈다. 수업 마침 종이 울리고 청소년들이 웃으면서 감사하다고 인사를 하고 교실을 나가고 있었다. 한 여학생이 갑자기 다가와 귓속말로 속삭였다.

"샘, 저도 교회 다녀요."

여학생의 귓속말에 살짝 당황했다. 그래도 웃으면서 대답해 줬다.

"그래? 그렇구나."

그 여학생은 수업 시간마다 집중 못 하고 친구들과 떠드는 친구였다. 가끔은 친구들과 시끄럽게 욕을 하면서 떠들기도 했다. 그렇다고 문제아는 아니지만 학교에서 욕을 잘하고 잘 노는 친구였다. 여학생의 고백은 씁쓸했다. 왜 귓속말로 자신도 교회 다닌다고 했을까. 이유는 너무도 확실했다. 스스로 교회 다니는 사람으로 하지 말아야 할 행동을 했다는 것을 자신도 알고 부끄러웠나 보다.

아이들은 학교에서 교회 다닌다는 말을 잘하지 못한다. 자기 삶이 기독교인으로 부적합하다고 생각한다. 기독교인으로 사는 삶이 아니더라도 교회 다닌다는 말은 학교에서 행동의 제약을 받기도 한다. 욕을 하거나 친구들과의 관계에서도 행동의 방해를 받는다고 생각한다.

"네가 교회 다닌다고?"
"교회 다니는 애가 왜 그렇게 욕을 많이 해?"

이런 이야기를 들을 수도 있기 때문에 교회 다닌다는 말

잘 안 한다. 그래서 점심시간에 식사 기도도 못 하기도 한다.

"교회 다니면 너처럼 공부 못하는 거 아냐?"

학교에서 본이 되는 삶으로 살지 못하기 때문에 교회 가자고 말도 못 한다. 가끔은 새로운 친구가 교회 오면 놀란다. 학교에서 전혀 그렇게 보이지 않던 친구가 교회 다니고 있어서 놀란다. 교회 다니는 친구는 새로운 친구가 와서 자기 모습이 드러나기 때문에 놀란다. 청소년 시기는 자아정체성을 확립해 가는 시기이다. 자신이 무엇을 좋아하고, 무엇을 잘하고, 어떤 성격이고, 누구인지를 알아가는 시기이다. 종교적으로 가장 하나님을 알아가기 좋은 시기이다.

한 설문 조사에서 '어려움이 있을 때 가장 의지하는 존재가 누구인지'라는 질문에 가장 낮은 비율을 차지했던 대답은 '신의 섭리'였다. 신이 나를 간섭하지 않았으면 좋겠고, 나도 의지하고 싶지 않은 존재라는 것이다. 그런데 '사후세계를 믿습니까?'라는 질문에는 절반 이상이 그렇다고 답했다. 내 맘대로 내 뜻대로 살고 싶은데 하나님께서 간섭하시는 것이 싫다는 것이다. 그렇지만 천국은 가고 싶어 한다. 이처럼 청소년은 하나님과 온전한 관계를 맺고 있지 않다.

뉴질랜드에서 돌아와 첫 교회 사역지에서 만난 청소년은 일진 짱이었다. 동네에서 유명한 싸움꾼이었고, 운동신경이 좋아서 학교에서도 건드는 친구들이 없었다. 항상 무리지어 다니고 다른 친구들에게 위협이 되는 친구였다.

어느 날 큰 싸움에 휘말리게 되고 경찰서를 왔다 갔다 하다가 이렇게 살면 안 되겠다고 생각했는지 갑자기 친구 따라 교회 수련회에 오게 되었다. 그리고 하나님을 만났다. 하나님의 역사는 갑자기 일어난다. 가끔 토요일이면 나랑 점심을 먹곤 했다. 그날도 그렇게 토요일에 교회에서 만나 점심을 먹으러 가고 있었다. 한참을 같이 걷고 있는데 걸음을 멈췄다.

"야! 너 어디가?"

같은 학교를 다니는 친구는 학교의 일진 짱이 말을 걸어오니 실짝 겁먹은 목소리였다.

"어. 집에 가는데."

"너 혹시 교회 다니냐?"
"교회? 아니, 안 다니는데."

"그래? 그러면 내일 우리 교회와."
"너희 교회가 어딘데?"

"여기야."

그러고는 손으로 교회를 가리키면서 교회를 소개했다.

"내일 아침 9시까지 오면 돼. 알았지?"
"어? 알겠어."

학교 친구는 얼떨떨한 얼굴로 대답하고 황급히 뛰어갔다. 아마도 일진 짱이 무슨 해코지를 할까 두려웠나 보다. 그런데 교회 오라는 말에 더 어이없는 표정이었다.

"교회 오라는 소리를 뭐 그렇게 하냐?"
"왜요?"

"좀 상냥하게 하면 좋잖아."

"그냥 교회 오면 좋으니까. 빨리 이야기하고 싶은 거죠. 하하하"

다음날 학교 친구는 교회에 왔다. 그렇게 일진 짱이 전도한 친구들이 3년 동안 50명이 넘었다. 교회에 정착한 친구들도 있고, 한번 왔다가 다니지 않는 친구들도 있었다. 대부분 일진 짱이 무서워서 오거나 혹시나 하는 마음으로 오는 것 같았다. 일진 짱은 친구 데려오는 걸 두려워하거나 창피해하지 않았다. 자기가 교회 다녀 보니까 너무 좋아서 친구들한테도 자랑하고 싶었다. 일진 짱의 삶은 변했다. 더는 친구들을 괴롭히거나 싸우지 않았다. 비록 욕을 하는 등의 옛 습관이 잠깐 나올 때가 있었어도 자신이 하나님 믿는 것을 숨기지 않았다.

가끔 교회 다니는걸, 하나님 믿는 걸 숨기는 청소년들이 있다. 하나님이 창피한 것일까. 아니면 우리가 하나님을 믿는 자녀로서 합당한 삶을 살지 못하고 있어서 차마 드러내지 못하고 감추는 것일까. 잘못한 일이 생겨서 부모의 눈을 피하려고 해도 숨을 수 없다. 이처럼 하나님도 우리가 어떠한 삶을 살고 있는지 너무도 잘 알고 계시기 때문에 숨길 수 없다. 우리의 어떠함 때문이 아니라, 그저 우리 부모님은 이 분이다 나타내듯이,

하나님을 믿는다고 하는 것은 어떨까. 너무도 멋진 일은 내가 하나님을 부끄럽게 여길지라도 하나님은 나를 자랑스러워하시고 언제든지 돌이키기를, 자랑스럽게 여기기를 기다리신다.

하나님은 너무도 잘 알고 계신다~

God loves you more deeply than words can ever express.

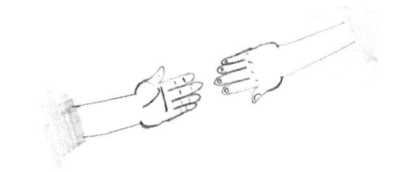

드라마는 끝까지 봐야 한다

"그 밤에 하나님이 그대로 행하시니
곧 양털만 마르고 그 주변 땅에는 다 이슬이 있었더라."
사사기 6:40

보통 청소년부 예배는 주일 오전 9시에 시작된다. 이른 아침부터 성인 예배를 드리고, 교사 회의를 마치고 나면 청소년들이 예배실로 모인다. 한 명씩 인사를 하고 설교를 위해 앞자리에 앉아 예배를 드린다.

별다를 것이 없는 그냥 평범한 주일이었다. 설교하려고 강단에 올라섰다. 강단에 올라서면 의자에 앉아있는 청소년들과 교사들이 한눈에 보인다. 누가 왔는지 누가 안 왔는지 알 수 있다.

그렇게 설교를 시작할 즈음에 여학생 한 명이 들어왔다. 연극을 해서 그런지 빠르게 관찰하는 습관이 생겼다. 키는 크지 않지만 덩치가 좀 컸다. 얼굴은 어두운 조명 때문에 그런지 매우 까맸다. 여름에 맞게 반팔 티에 슬리퍼를 신고 들어왔다. 교회에서 한 번도 보지 못한 여학생이었다. 새로운 친구가 왔나 라는 생각을 했다. 대부분 새로운 친구가 오면 교사들이 자리를 안내하든지, 아니면 주보를 주면서 인사를 나누든지 할 텐데 이상하게 아무도 인사를 안 하고 그저 멀리서 쳐다만 보고 있었다. 이렇게까지 무관심할 수 있을까라는 생각을 했다.

설교를 시작했고, 설교하는 나를 쳐다보지 않으면 안 된다고 누누이 가르쳐 왔기에 청소년들이 나를 집중해서 보고 있었다. 처음 본 여학생도 나에게 집중하기도 하고 고개를 숙이기도 했다. 처음 왔기 때문에 집중하지 못할 수도 있다고 생각했다. 설교를 마치고 모든 예배의 순서가 끝났다. 처음 온 여학생에게 다가갔다. 내 눈을 제대로 마주치지 못하고 있었다. 새로운 친구는 상담을 위해 카페로 자리를 옮겼다. 간단히 차를 마시면서 교회를 다닌 적은 있는지, 우리 교회는 어떻게 알고 왔는지 등의 질문을 했다. 중학교 때 우리 교회에 다녔다고 했다. 그러다 중간에 교회를 안 다니다가 오늘 아침 갑자기 교회에 가고 싶다는 생각이 들어서 일어나자마자 왔다고 했다. 조금 더 물어보고 싶었지만, 전날 사역으로 인해 피곤해서 내가 먼저 대화를 마치려고 했다. 여학생을 위해서 기도해 주고 일어나려고 했다.

"목사님, 혹시 상담해 주실 수 있으세요?"

피곤해서 빨리 일어나려고 하는 나를 여학생이 아니라 다른 힘이 붙잡는 거 같았다.

"그래. 무슨 할 말 있니?"

특별한 대화가 아니길 바랐다. 육체의 피곤함으로 감당할 수 없을 것만 같았다. 살짝 겁이 났다. 여학생은 잠시 머뭇거리더니 자신의 왼쪽 팔을 보여주었다. 까맣게 탄 듯한 피부여서 자세히 못 봤는데 왼쪽 손목과 팔뚝에 상처가 보였다. 자해 때문에 생긴 상처였다.

"왜 이렇게 된 거니?"
"여기 더 있어요."

그러고는 자신의 반팔 티 어깨 부분을 들춰서 보여주었다. 손목과 팔뚝보다 더 큰 상처들이 있었다. 역시 자해의 흔적이었다. 우리 둘 다 아무런 말을 꺼내지 못하고 있었다. 잠시 뒤 내가 어렵게 말을 꺼냈다.

"왜 이런 거야?"
"그냥 제가 살아 있는지 확인하고 싶었어요."
"확인?"
"네. 칼을 가지고 팔을 그으면 피가 나요. 피가 나면 제가 살아있다는 거잖아요. 그래서 가끔 우울하면 칼로 그어요."

어깨의 상처는 칼로 심하게 그어서 병원에 꿰맨 흔적이었다. 청소년은 자신이 죽었는지 살아있는 지 확인하기 위해 스스로 상처를 입히기도 한다. 여학생은 우울함에 담배를 하루에 두 갑씩 핀다고 했다. 그래서 그런지 얼굴과 피부가 더 까맣게 보였다.

그 여학생은 중학교 2학년 때 학교에서 조금 논다는 친구들을 만났고, 교회로 전도해 함께 교회를 다녔다. 그런데 교회는 학교에서 문제를 일으키는 청소년들이 오는 게 싫었는지 안 좋은 시선으로 그 학생들을 바라봤다. 그 시선을 견디기 싫었고, 교회에 더 이상 가지 않게 되었다. 그리고 친구들과 어울려 다니며 방황했다. 우울증과 정신적인 스트레스가 쌓여서 병원에 1년 동안 입원을 했다. 겨우 중학교를 졸업하고 고등학교에 입학했지만, 친구 없이 학교를 오갔다. 가족들은 자기를 포기한 듯 내버려두었고, 자신의 생존여부를 확인하려고 자해를 하게 된 것이다. 아무 말도 못하고 손을 잡아주었다.

"너 살아 있어. 살아 있으니까 이렇게 목사님이랑 대화하고, 아침 일찍 하나님이 너를 다시 교회로 나오게 했잖아. 하나님이 널 절대 놓지 않고 있다는 증거야."

하나님은 한 분이신데, 누군가에는 무서운 하나님, 누군가에게는 사랑의 하나님, 조급하게 하시는 하나님, 기쁨의 하나님, 개구쟁이 하나님 등 저마다 하나님의 모습이 다르다. 한 분이신 하나님께서 만나는 방법이 다르고 끼치시는 영향력도 다채롭다. 그만큼 세상에 다양한 사람이 살고 있다는 의미이기도 하다. 청소년들도 마찬가지다. 비슷하게 생겼지만 목소리가 다르고, 키가 다르고, 가정환경이 다르다. 다양함 속에서 신비로움을 느낀다.

어른들과 대화하다 보면 이분은 청소년 시기에 어떤 모습이었을까 궁금하다. 하나님께서 어떤 시기에 어떻게 만나주셨을까 싶다. 세상에 다양한 사람들이 있고 다채로운 청소년들이 있다. 각자가 살아온 환경이 다르므로 같은 교육, 같은 교회에 다녀도 저마다 다른 모습으로 살아간다. 그렇기 때문에 청소년 선교에 정해진 정답은 없다. 나도 그때그때 다른 청소년들을 경험한다. 청소년 사역이 망한다고 하는 이유가 여기에 있다. 엄밀히 말하면 망하는 게 아니라 원하는 방향대로 흘러가지 않는 것뿐인데, 내가 원하는 대로 되지 않기 때문에 망했다고 생각한다. 선교 사역은 망하지 않는다. 다만 하나님의 뜻대로 흘러갈 뿐이다.

청소년 선교는 주인공이 계속 괴롭힘을 당하다가 마지막 회에서 복수하며 마치는 정해진 결말의 드라마가 아니다. 이 사역은 끝도 없다. 끝났다고 생각하는 순간에도 드라마는 계속해서 펼쳐진다. 드라마의 예고편을 보면 뭔가 대단한 일이 있을 것 같아도 본편을 보면 김이 빠질 때가 있다. 세상에서 떠들썩한 사건도 하나님 안에서 보면 별거 아니다. 우리를 두렵게 하고, 걱정하게 하는 모든 일은 사단이 틀어주는 예고편에 불과하다. 하나님이 제작하신 본편은 재미와 감동이 있다.

청소년 선교의 연출을 하나님께 맡기면 전혀 색다른 드라마가 탄생한다. 드라마나 영화는 연출에 의해서 성공과 실패가 좌우 된다. 배우는 연출의 지시에 잘 따르면 책임질 필요가 없다. 우리는 세상에서 배우이다. 하나님께서 연출자로서 우리 삶을 이끄시고 조정하신다. 연출가의 말만 잘 따르면 드라마는 해피엔딩으로 흘러간다. 배우가 자기 멋과 감정대로 하겠다고 하는 순간 드라마는 산으로 간다.

하나님은 아침 일찍 여학생을 잠에서 깨게 하셨다. 예쁘게 단장하기보다 있는 그대로의 모습으로 교회에 오게 만드셨다. 여학생이 예배당에 들어왔을 때 하나님은 칼로 그은 흔적으로 가득한 손을 붙들고 계셨다. 피곤해하고 있는 나에게 별안간 그 학생의 손을 건네 맡기셨다.

'은국아, 네가 이제 이 손을 잡아 줄래?'

끝났다고 생각했던 여학생의 드라마는 끝나지 않았다. 드라마의 묘미는 마지막 회이다. 드라마는 끝까지 봐야 한다.

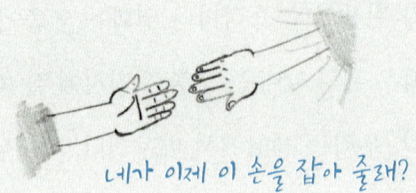

네가 이제 이 손을 잡아 줄래?

하나님 들리십니까

"여호와여 나의 기도에 귀를 기울이시고
내가 간구하는 소리를 들으소서."

시편 86:6

    YWAM(국제예수전도단) 훈련 과정 중에는 전도 실습이 있다. 빵을 만들어 무작정 거리로 나가 아무 상점에 들어가 빵을 나눠드리고 자연스럽게 대화하며 복음을 전하는 실습이다. 청소년들을 만나는 사역 때문인지 나에게는 전도 실습이 그렇게 어렵지 않게 느꼈고, 상점에서 일반인들과 대화하기도 어렵지 않았다. 몇 곳의 상점을 지나 한 가게에 들어갔다. 중년의 사장님이 있었다. 밝은 얼굴로 웃고 있었다. 인사를 하고 빵을 나눠드렸다. 특별한 거부감 없이 빵을 맛있게 드셨다.

"혹시 저희가 뭐하는 사람들 같나요?"

"교회에서 오셨죠?"

"어떻게 아셨어요?"

"이렇게 맛있는 걸 나눠주는 사람들은 대부분 교회에서 온 경우가 많더라고요."

"혹시 교회 다니세요?"

"지금은 안 다녀요."

"예전에는 다니셨나요?"

"아주 어렸을 때 다녔어요."

왜인지 더 대화해야만 할 거 같은 생각이 들었다. 사장님은 어렸을 때 가난한 산동네에서 살았다. 특별히 놀만 한 환경이 되지 않는 그곳에서 유일하게 아이들이 많이 모이는 곳이 교회였다. 교회에 가면 가끔 먹을 것도 주고, 전도사님이 아이들과 함께 놀아주었다. 초등학교 4학년 때 여느 때와 마찬가지로 교회에서 놀고 있는데 전도사님이 다가왔다. 그러고는 다른 때와는 다르게 더 친밀하게 다가와 스킨십을 했다. 처음에는 전도사님이 자신을 예뻐한다고 생각했다. 그런데 혼자 있던 자신을 전도사가 성추행했다. 그게 어떤 의미인지 알지도 못하던 나이에 어이없는 상황을 겪었다. 그리고 다시는 교회에 가지 않았다. 교회만 보면 어렸을 때의 기억들 때문에 일부러 교회를 피했다. 교회 다니는 사람들은 다 똑같아 보였다.

나이가 들어 결혼하고 가정을 꾸미고 살면서 기억이 희미해져 갔다. 지금의 가게를 운영하면서 행복한 시간을 보내고 있다고 생각했다. 그런데 다시 기억을 끄집어내게 되었다. 가게 옆이 바로 교회였다. 교회는 주일이면 많은 성도가 차를 가지고 와 주차할 공간이 없으니 가게 앞까지 주차했다. 물건을 쌓거나 파는 일 때문에 가게 앞에 주차하면 영업에 방해가 된다고 교회에 얘기해도 그때뿐이었다.

예배 시간 동안만 주차한다고 하고선 더 오래 주차하고는 했다. "교회에서 필요한 물건을 가게에서 팔아주니 오히려 좋은 거 아니냐?"라고 할 때도 있었다. 사장님은 화를 내지 않았다. 장사를 못 하게 될까봐가 아니었다.

교회 다니는 사람들과 대화하면서 기억이 되살아나는 것이 싫었다. 그런 분에게 내가 옛 기억을 꺼내게 했다. 그런데 떠올리기 싫은 교회에 대한 추억인데 그날 우리에게 자신의 과거를 너무도 아무렇지 않게 해 주셨다. 얘기하시는 사장님보다 듣는 우리가 더 당황했다. 이렇게까지 심각한 이야기일 거라고 생각하지 못했다. 담담하게 이야기를 마친 사장님에게 뭐라 말할 수 없었다.

"혹시 저희가 기도해 드려도 괜찮을까요?"

우리는 그녀를 둘러싸고 기도했다. 사장님의 울음소리가 들렸다. 어렸을 때부터 울고 싶었는데 울지 않으려고 노력했던 거 같다. 눈물을 흘리면 그동안 간신히 버텨왔던 감정과 마음이 한순간에 무너질 거 같다고 생각했던 것 같다.

기도를 마치고 자매들이 사장님을 안아주었다. 우시면서도 밝게 웃고 계셨다. 계획하고 만난 것도 아니다. 이런 사연이 있는지도 알지 못했다. 하나님이 깜짝 이벤트를 하신 것도 아니다. 누구든 묻는 사람이 있기를 바라셨을 것이다.

"왜 힘들어?", "무슨 일 있니?", "내가 기도해 줄까?"

청소년과 만나면 잠깐의 어색한 기운이 흐르는 것이 싫어서 더 많은 이야기를 할 때가 많다. 그러나 순전히 내 생각이었다. 하나님의 생각은 달랐다. 그냥 같이 있어 주고, 들어주고, 기도해 주고, 웃어주기를 원하셨다.

고등학교 2학년 남학생이 할 말이 있다고 해서 만났다. 햄버거를 시키고 아무런 얘기도 시작하지 않았는데 갑자기 남학생이 울기 시작했다. 햄버거를 앞에 두고 20분 동안 울기만 했다. 나도 그저 멍하니 눈물을 그칠 때까지 기다렸다.

"무슨 일 있니?"
"하나님이 믿어지지 않아요."

무슨 말일까. 이 남학생은 학교 수업이 끝나면 매일 일정한 시간에 교회에 와서 기도하고 성경을 읽는 청소년이었다. 교회에서는 목사가 되어야 한다고 신학교에 가라고 말을 했다. 그래서 하나님이 믿어지지 않는다는 말이 선뜻 납득하기 어려웠다. 아마도 고등학교 3학년이 되는 시점에 주변에서는 신학교를 당연히 가는 것으로 거로 생각했기 때문인 것 같았다. 그러나 자신은 자격이 없다고 생각했다.

'하나님이 믿어지지 않는데 어떻게 신학교에 가나?'
'목사가 되고 싶은 생각이 없는데 꼭 목사가 되어야 하는가?'

그러한 생각이 꼬리에 꼬리를 물다가 나를 만나서 펑펑 울기 시작했다.

남학생은 초등학교 5학년 때 여름 수련회에서 트라우마를 겪었다. 연합수련회 둘째 날 저녁 집회에 강사 목사님이 설교 후에 기도회를 인도하면서, '여기 모여 있는 모두가 방언을 받아야 한다.' 고 했다. 방언을 받지 못하면 오늘 밤 잘 수 없다고 했다. 자신은 기도는 했지만, 한 번도 방언을 받아본 적이 없는데 어쩌지 하면서 열심히 기도했다. 그래도 방언은 나오지 않았다. 초조한 마음에 울기 직전까지 갔다. 그때 강사 목사님이 말씀하셨다.

"우리 모두 하나님을 만나고 방언을 받았으니 감사합니다. 이제 집회를 마치고 행복하게 잠자리에 듭시다."

자신은 아직 방언도 못 하고, 하나님이 믿어지지 않고, 만났다고 생각도 안 드는데, 목사님이 모두가 방언하고 하나님을 만났다고 하는데, 그 말이 도대체 무슨 뜻일까.? 이 친구는 그 말의 의미를 알지 못했다.

교회에서는 매일 기도하기와 말씀 읽기를 열심히 하면 하나님께서 은혜와 축복을 준다고 했다. 그 말에 남학생은 쉬지 않고 기도하고 말씀을 읽었다. 신학교에 가기 위해서 기도하고 말씀 읽은 것이 아니었다. 하나님을 만나고 싶었다. 하나님을 믿고 싶었다. 근데 마음에서 하나님을 믿을 수가 없었다. 그렇게 시간이 지나고 고등학교 2학년이 되어서 대학 진학과 믿음에 대한 조급함이 밀려올 때 울면서 고백하게 된 것이다.

"아직 하나님을 믿지 못하겠어요."

그렇게 고등학교 3학년이 되고 대학 진학을 놓고 고민하다가 신학대학교의 기독교 교육과를 진학했다.

"신학교가 꼭 목사 되기 위해서 가는 건 아냐. 신학을 공부하는 건 단지 하나님에 대해서 알기 위해서 공부하는 것만이 아니라 하나님을 믿는 사람은 어떻게 살아야 하는지 알기 위해서 배우는 과정이기도 해. 너무 부담 가지지 마."

하나님은 사람을 선교의 목적으로 쓰신다. 그러나 꼭 목사로 선교사로 세우시는 것은 아니다. 하나님은 다양한 방법으로 하나님을 드러내신다. 구름을 보다가 하나님의 임재를 체험하고, 밥 먹는 중에도 말씀하시기도 하고, 잠깐 스치는 사람들을 통해서도 말씀하신다. 대학생이 된 남학생에게 다시 물었다.

"하나님이 믿어지니?"
"아직이요. 근데 학교생활은 재밌어요."

언젠가 남학생은 하나님을 믿게 될 것이다. 아니 어쩌면 이미 믿고 있지만, 그걸 말로 설명할 수 없는지도 모른다. 하나님을 우리의 언어로 설명하는 것이 가능할까. 그건 아마도 설명이라기보다는 느끼는 감정의 표현에 불과할 것이다. 하나님은 그렇게 쉽게 표현할 수 없는 분이다. 우리가 상상하고, 말할 수 있는 한계를 벗어나신 분이다.

이미 하나님을 믿고 있지만, 말로 표현할 수 없으므로 하나님을 믿어지지 않는다고 말하고 있는 것인지도 모르겠다. 내가 가진 언어로 전부 그려내지 못해도 주님을 안 믿는 게 아니다.

어떤 극적인 현상이 아니어도 하나님은 자신이 그 순간 옆에 있었음을 누군가를 통해서 말씀하고 계신다. 가장 믿기 좋을 때 우리에게 말씀하신다.

가게의 사장님을 오랜 시간 기다리시다가 전도 팀을 통해서 하나님을 느끼게 해 주셨고, 남학생에게는 하나님을 아직 못 믿겠다고 하지만 신학교 다니는 즐거움과 재미를 먼저 느끼게 하고 하나님을 경험하게 해주실 것이다. 우리가 원해서 만나는 것이 아니라 주님의 때에 오신다. 청소년들이 하나님을 못믿겠다고 해도 강요하지 말고 기다리자. 하나님이 만나주시는 때는 우리가 알 수 없다. 내가 만나는 것이 아니라 주님께서 만나주신다. 우리가 하나님을 믿을 수밖에 없는 순간을 잘 골라서 만나주신다. 청소년 때는 변화무쌍하게 역사하시는 하나님을 경험하게 될 것이다. 귀를 기울이면 들린다. 가장 적합한 때에 말씀하신다. 두려워하지 말자. 이미 시작되었다.

주님께서 만나주신다~

믿음은 오버스럽다

"우스 땅에 욥이라 불리는 사람이 있었는데
그 사람은 온전하고 정직하여 하나님을 경외하며
악에서 떠난 자더라."

욥기 1:1

내가 청소년 선교를 한다고 하면 받는 단골 질문이 있다. 「문제 청소년을 만나요? 학교 밖 청소년을 위한 사역을 하나요? 소년원 청소년이 대상인가요? 정신적 문제가 있는 청소년을 만나요? 다문화 청소년을 대상으로 하나요?」

그러나 청소년의 80%는 일상적으로 학교와 교회, 동네에서 흔히 만날 수 있는 보통의 아이들이다. 흔히 말하는 문제 청소년을 쉽게 볼 수 있는 건 아니다. 어른들은 청소년에게 작은 문제가 일어나도 전체 청소년을 대상으로 같은 프레임을 씌워버린다. 어떤 사역자는 주로 문제 청소년을 대상으로 사역하기도 하지만 난 그렇게 할 만한 담대함이 없다. 그저 평범한 청소년들을 만난다. 평범하다고 해서 걱정이 없거나, 어려움이 없는 건 아니다. 단지 견디고 있을 뿐이다. 언제 폭발할지 모르는 활화산처럼 안에서는 부글부글 끓고 있다. 참을 수밖에 없고, 폭발한다고 해서 해결 방법이 없다는 걸 이미 알고 있기 때문이다.

한 학기 동안 중학교 1학년 수업을 했다. '영화 속에서 내 모습 찾기'는 청소년들이 살아가는 데 도움이 될 만한 영화를 보고 받은 느낌을 서로 나누는 수업이다.

영화 '나는 보리'를 함께 봤다. 청각장애가 있는 가족에서 유일하게 정상인으로 사는 초등학생, 보리의 이야기다. 장애가 있는 가족들 사이에서 소외감을 느낀 보리는 가족들처럼 청각장애를 가지려고 한다. 그러면서 가족의 사랑이 무엇인지 생각하게 하는 좋은 영화이다. 마지막 수업 시간에 소감문을 제출했다. 평소 말 수가 적었던 남학생의 소감문에 감동을 받았다.

자신도 보리처럼 장애가 있는 동생이 있다고 한다. 동생에게 가족의 온 신경이 향했고 자신도 언제부터인가 동생을 더 신경 쓰고 자신은 뒷전이라는 생각을 했다. 장애가 있는 동생을 둔 자기 삶이 너무 힘들다고 생각했다. 불공평하다는 생각이 들 때에도 동생을 신경 써야 했다. 아무도 자신의 상황을 몰라주는 것이 힘들었다. 그런 시간 속에서 '나는 보리' 영화를 봤다. 그리 위대하거나 대단한 영화도 아니었는데 아이는 위로를 받았다.

'나와 같은 사람들이 세상에 또 있구나. 나만 힘든 게 아니었어.'

하나님을 믿으면 엄청난 일이 일어날 거 같고, 대단한 축복을 받을 거 같지만 실제로는 그렇지 않다. 그저 평범하게 아무런 일도 일어나지 않고 일상을 보내는 것이 얼마나 은혜인지 우리는 잘 모른다.

한 여자 청년이 하나님을 만나기를 정말 바랐다. 다른 사람들은 하나님의 음성을 듣고, 환상도 본다는데 자신에게는 아무런 일들도 일어나지 않아 항상 불만이었다. 그래서 물었다.

"하나님께서 어떻게 응답하셨으면 좋겠어?"

"밝은 날, 갑자기 천둥과 같이 큰 소리로 나한테 말씀해주셨으면 좋겠어요."

"헐. 그런 천둥소리로 말씀하면 듣자마자 죽을걸."

코로나 시기 대면 예배에서 영상 예배를 드려야 했다. 당연한 일상이 당연한 게 아니라는 것을 깨달았다. 평범한 일상도 하나님의 은혜였다.

뉴질랜드에서 사역할 때 뉴질랜드로 놀러 온 한 청년을 소개받았다. 예배를 빠지면 안 되는 분위기에서 자라서, 예배를 드릴 수 있는 교회를 소개해 달라고 했다. 그래서 선교회 청년 예배를 잠시 함께 드리게 되었다. 예배를 마치고 청년이 보이지 않는데 건물 뒤편에서 담배를 피우며, 한국에 있는 가족과 연락하고 있었다.

"여기서도 예배를 잘 드리고 있어요."

하나님께 예배드리는 것이 액세서리가 된 세상이다. 코로나 시기에 대면해서 예배드리지 않으면 큰 일이 벌어질 거라 염려했는데, 아무일도 일어나지 않았다. 처음에는 옷을 갖춰 입었지만, 시간이 갈수록 예배 시간은 늦춰지고 복장도 잠옷으로 바뀌어 갔다. 그래도 아무런 일이 일어나지 않았다. 코로나가 끝이 나고 사람들은 깨달았다. 예배드리지 않는다고 아무런 일이 일어나지 않는구나. 그럼 굳이 교회에 나갈 필요 있나?

우리에게 믿음은 그런 것이었다. 주고받는(Give and Take) 믿음으로 변해가고 있었다. 믿음은 오버스러워야 한다고 생각한다. 하나님을 믿는 우리는 기대하고 있다. 죽을병에서 낫게 되고, 많은 사람을 전도하고, 돈도 많이 벌게 되고, 멋진 배우자를 만나고, 남부러워할 만한 직장을 얻게 될 것이라고. 그것만이 축복이라고 생각한다.

누군가 간증을 하라고 하면 자신은 자랑할 만한 것이 없다고 말한다. 병에서 낫고, 생각지도 못한 일을 겪는 것만이 게 은혜이고 축복을 의미하는 것은 아니다. 하나님은 때때로 조용히 우리의 곁에 계시고 침묵하신다. 나와 함께 걷고, 차를 마시며, 나의 소소한 이야기를 듣고 싶어 하신다. 우리도 진짜 친한 친구를 만나면 많은 대화를 나누지 않는다. 아무 말 없이도 편안

하게 그냥 곁에 머문다.

별로 안 친한 친구와 오랜만에 만나면 말이 많아진다. 낯설고 어색하기 때문이다. 하나님과 친밀하다면 같이 차를 마시고 곁에서 멍을 때리는 것만으로 그 시간에 평안함을 느낄 것이다.

2023년에 동네작은교회를 개척하고 청소년 겨울 캠프를 했다. 나와 두 아들, 첫째 아들의 친구 네 명이 모였다. 인원이 적다고 해서 예산이 적은 것은 아니다. 숙소와 식사비를 포함해서 예산이 100만 원이었다. 그렇다고 해서 엄청 럭셔리한 캠프도 아니다. 개척한 지 4주 만에 캠프를 한다는 것이 재정적으로 부담이 되어서 아내에게 말했다.

"재정도 부족하고, 한 명밖에 안 오는데 하지 맙시다."
"그래도 하나님께서 한 명을 보내주셨고, 약속이니까 진행해야죠."

항상 목사보다 사모가 믿음이 좋다. 어쩌면 당사자가 아니라 조언을 해주는 입장이었을까. 그래도 옆에서 하자고 하니 힘이 났고, 캠프 첫날이 밝았다. 짐을 싸고 있는데 오래전부터 기도와 후원을 해 주시던 권사님에게 전화가 왔다.

"목사님, 오늘 시간 괜찮으세요?"
"오늘 동네작은교회 첫 캠프를 가서 어려울 것 같아요."

"개척한 지 한 달도 안 됐는데 캠프를 가요?"
"한 명이 온다고 하는데 그래도 해야죠. 그런데 무슨 일이세요?"
"그냥 안부 전화 드렸어요."

전화를 끊고 짐을 싸는데 문자가 왔다.

"아침에 새벽기도를 하는데 자꾸 목사님한테 전화하라는 마음이 들어서 무슨 일인가 하고 전화 드렸는데, 캠프에 재정 후원하라는 하나님의 뜻이었나 봅니다. 잘 다녀오세요."

캠프 재정에 필요한 100만원이 들어왔다. 더도 말고 덜도 말고 딱 100만원이었다. 만약 "하나님 150만원 주세요."라고 기도했다면 더 주셨을까. 아니었을 것이다. 왜냐하면 우리의 필요를 정확히 아시기 때문이다. 이 비용을 아껴 써야지 하는 마음보다 이 한 영혼에게 온전히 투자해서 즐거운 추억을 선물해야겠다는 마음이 들었다.

　어떤 사람은 "겨우 100만 원?"이라고 반응할지도 모른다. 20대 초반에 사역하면서 차비로 단돈 500원이 없어서 기도했더니 십만 원가량을 하나님께서 주셨다. 이 내용을 교회에서 간증했더니 '아멘'이 작게 나왔다. 그 교회는 건축을 위해서 40억 원이 필요했다. 그래서 십만 원이 생기는 축복은 축복이 아니라고 생각했나 보다.

　하나님은 우리를 지으셨기 때문에 우리에 대해서 너무나도 잘 아신다. 무엇이 필요하고, 어떻게 해야 우리가 더 하나님을 찾을 거라는 걸 잘 알고 계신다. 가장 적합한 시기에 꼭 필요한 것을 주심으로 하나님이 항상 함께 하시는 구나를 느끼게 하신다. 어느 날 갑자기 나에게 몇 억 원이 생긴다고 해서 우리 믿음이 커지거나 헌신하지 않는다.

　난 문제 청소년을 만나는 것이 두렵다. 겁도 많아서 그들에게 복음을 전할 만한 능력도 되지 않는다. 그러나 보통의 청소년과 수다 떨고, 같이 웃고, 울고는 잘할 수 있다. 뭔가 대단한 믿음이 있어야만 사역하고 헌신하는 것이 아니다. 지금, 이 순간

바로 옆에 하나님께서 함께하신 다는 것을 내가 지금 무엇을 해야 할지 알게 될 것이다. 믿음은 오버스러움이 아니라 일상에서 하나님을 만나는 것이다. 난 또 그렇게 청소년을 만난다.

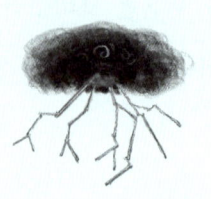

믿음은 일상에서
하나님을 만나는 것!!

나는 왜 목사를 하는가

"시몬 베드로가 서서 불을 쬐더니 사람들이 묻되
너도 그 제자 중 하나가 아니냐
베드로가 부인하여 이르되 나는 아니라 하니."

요한복음 18:25

가끔 청소년들이 교회를 안 나오면 묻는다.

"요즈음 왜 교회 안 나와?"
"저 교회 끊었어요."

담배를 끊는 것도 아니고, "이제는 교회를 안 다니겠다."라는 말을 "교회를 끊는다."라고 한다. 이유는 대부분 스스로 생각하기에 너무도 많은 죄를 지었다고 생각해서이다. 하나님 앞에 가기 부끄럽단다. 청소년들에게 자꾸 죄에 대해서 강조하다보면 '무서운 하나님', '심판하는 하나님'이 아이들을 짓누른다.

일반 중·고등학교에서 만난 청소년 중에 하나님, 예수님을 들어본 적이 없는 경우도 있다. 아직도 복음을 들어본 적이 없는 청소년들이 많다. 교회에서만 복음이 외쳐지고 있는 것일까. 믿는 우리도 식사 전 기도하는 것을 눈치 보기도 한다. 전도하거나 복음을 전하는 것이 에 관한 얘기를 나누는 것이 불법도 아닌데 말이다.

첫째 아들 초은이가 주일 오후 예배를 마치고 친구들과 카페에서 시험 공부를 한다고 갔다. 몇 시간이 지나 기분이 상한 표정으로 집에 들어왔다. 이유를 물어보니 카페에서 공부하는데 전도하시는 분들이 들어와서 전도 스티커가 붙은 건빵을 나눠 줬단다. 5~6명의 중학교 남학생에게 전도하는 게 쉽지 않은 일인데 과감하게 건빵을 주셨다. 그런데 친구들이 건빵을 버리려고 했다는 것이다.

"저거 이단, 사이비야."

"어떻게 알아?"

"넷플릭스 '나는 신이다'에서 봤어. 저렇게 전도한대."

"그거랑 다른 것 같은데."

"다르긴 뭐가 다르냐? 다 저렇게 하면서 애들 꼬시는 거지."

넷플릭스에서 한창 이슈가 된 '나는 신이다' 프로그램을 본 청소년들이 전도용 건빵을 버리려고 하는 걸 초은이가 모두 가지고 왔다. 덕분에 집에서 오랜만에 건빵을 맛있게 먹었다. 전도한 교회는 이단 교회는 아니었다. 그런데 전도 스티커가 이단처럼 보였다. 나도 그렇게 생각했는데 청소년들에게는 오죽했을까. 중학교 남학생들에게 이런 방법이 통하기는 어렵겠지만 그래도 교회의 노력은 대단해 보였다.

하나님을 믿는 것을 떳떳하게 드러내지 않는 사람들이 늘고 있다. 기독교는 프로필 종교란에만 자신을 나타내는 이름이 수단이 되었다. 자신의 외면적 정체성을 나타내는 수식어일 뿐이지 더 이상 하나님이 자기 삶에 중요한 존재는 되지 않고 있다.

예수님은 베드로가 자신을 배신할 것을 알고 있었다. 그런데 베드로만이 아니었을 것이다. 누구든 그 상황에서 배신했을 것이다. 제자들에게 예수님은 성공을 향하는 지름길이었을 뿐이다.

나는 학교에서 한 학기에 16주 수업을 한다. 비기독교 학교이기에 15주까지는 내가 목사인 것을 드러내지 않고 있다가 마지막 수업에만 목사인 것을 드러내고 '하나님 사랑'에 대해서 전한다. 그래서 15주까지는 나를 선생님으로 부른다. 그런데 한 중학교에서 내 정체가 들통 났다. 14주 되었을 때 한 학생이 나에게 질문을 했다.

"샘. 샘 혹시 목사예요?"

한 번도 들어본 적 없는 질문에 많이 당황했다. 그 짧은 순간 많은 생각들을 했다.

"그게 무슨 소리야?"
"네이버에 샘 이름을 검색하니까 목사라고 나오던데요."

'뭐라고 대답해야 하지. 맞는다고 할까? 그럼 다음 주에 복음을 전하는데 지장을 받는 거 아냐?' 등등 수많은 생각들이 스쳐 지나갔다.

"근데 그 사람보다 내가 더 잘생겼어."

 말도 안 되는 대답을 했다.

"그럼 그 사람을 안다는 거네요?"

어떻게 대답해야 하지하고 고민하고 있는데 마침 수업 종이 울렸다. 학생들은 아무런 관심도 없는 듯 교실을 나갔고, 안도의 한숨을 쉬며 짐을 정리하고 자동차의 시동을 걸었다. 그 순간 내 안에 밀려오는 수치심과 알 수 없는 눈물이 흘렀다. 그때 알았다. 예수님을 모른다고 소리친 베드로가 어떤 심정이었는지 조금이나마 알 수 있었다.

청소년들에게 복음을 전하기 위해서 공부하고 목사 안수를 받았다. 그린데 비기독교 학교에서 목사라고 말도 못 한다. 복음을 전하는 데는 보통 도움이 되지 않기에 목사라고 말하지 않는다. 그럼 나는 왜 목사가 되었는가. 목사라고 말할 수도 없는데 목사를 하고 있다.

하나님 만나고 은혜 받고, 처음에는 뜨겁다가 금방 식는다. 마치 수련회에서 받은 은혜가 일주일도 지속되지 않는 것처럼. 평소 하나님과 친밀하게 교제하지 않으면 관계는 멀어질 수밖에 없다. 매년 수련회에서 비슷한 찬양을 부르고, 메시지가 전해지는 것은 우리의 삶이 여전하기 때문이다.

청소년들은 보통 친구들에게 부모님의 성함을 알려주지 않으려고 한다. 부모님의 성함으로 장난을 치기 때문이다. 아무리 부모와 사이가 안 좋은 자녀일지라도 부모의 이름이 함부로 부르고 장난치는 것은 기분이 좋지 않다.

멋진 부모가 아니어도 마음 한구석에는 부모님에 대한 사랑이 있는 것이 당연하다. 하나님을 사랑하는 데 하나님의 이름을 부끄러워하는 건 물어봐야 한다.

주일학교 선생님들에게 강조한다.
"선생님들은 예수님의 제자입니다."

예수님 믿는 한 사람인 줄 알았는데 예수님의 직계 제자라는 사실은 기쁘고 신나는 일이다. 어깨에 힘이 들어가는 느낌이다. 그런데 그에 따른 책임감도 따른다. 예수님의 발자취를 따르는 제자의 삶, 본이 되는 삶을 살아야 한다.

한 고등학교에서 매주 한 번 점심시간에 기독교 학생 모임을 가졌다. 우리 교회 청소년들도 있어서 많은 인원이 모일 것이라고 기대했다. 첫날 스무 명이 모였다. 모임이 생겼으면 했던 남학생이 리더가 되어서 찬양과 기도를 인도했다. 나는 그 가운데 말씀을 짧게 전했다. '모임을 통해서 학교에 변화가 생기겠구나.'라는 기대감이 들었다. 그런데 매주 인원이 점차 줄어서 마침내 리더 혼자 남게 되었다. 집으로 가는 길에 교회 학생들을 만났다.

"요즈음 왜 안 오니?"
"사실 별로 가고 싶지 않아요."

"점심시간에 바빠?"
"아뇨"

"일주일에 한 번 모이는 데 와서 얼굴 보자."

"저도 그러고 싶은데 실은 리더 때문에 가기 싫어요."

"왜? 열심히 잘하잖아."

"거기서만 그러는 거예요. 그 친구 우리 학교에서 알아주는 욕쟁이예요. 교회 안 다니는 친구들도 어이없어 해요. 그런 친구가 기독교 모임에 가서 찬양하고 기도하는 게 웃기대요."

리더인 남학생은 목사님 아들이었다. 키가 크고, 하는 말마다 은혜로웠던 그 친구가 알고 보니 학교에서 욕쟁이였던 것이다. 그래서 친구들은 그 친구 때문에 교회에 안 간다고 했다.

하루에도 수십 번 베드로처럼 예수님을 모르는 척 살고 있다. 예수님을 믿는다고 하면 죽음의 위협을 받는 시대도 아닌데도 말이다. 많은 사람이 교회에서는 당연하게 보이는 은혜의 말과 행동들이 교회 밖을 나오면 나를 옭아맨다고 생각한다. 청소년들에게 예수님은 어떤 분으로 가르쳐야 할까. 교회에서만 만나는 존재이거나, 기도하면 내 소원을 들어주는 지니, 성경 속 전설의 인물? 나는 목사가 되어서 어떻게 해서든 복음을 전하기 위해서 연극을 하고, 공연을 하고, 학교에 간다. 예수님은 사라지고 나를 수식하는 껍데기 같은 말들만 남지 않기를 간절히 바랄 뿐이다. 지금의 불편함을 이겨냈을 때 하나님께서 나를 향해 웃으시며 말씀하실 것이다.

"참 수고했다. 잘했다. 멋지다."

"참 수고했다. 잘했다. 멋지다."

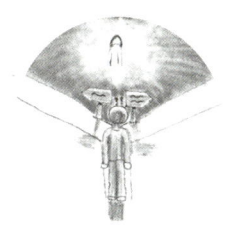

은혜에요, 은혜

"그리스도 예수 안에 있는 속량으로 말미암아
하나님의 은혜로 값없이 의롭다 하심을 얻은 자가
되었느니라."

로마서 3:24

예배를 마치고 매번 나의 설교는 어땠을지 궁금하다. 이런 내 마음을 알았는지 몇 분이 와서 말해준다.

"오늘 설교 은혜 받았어요."
"위로가 되었어요."

이런 인사를 받으면 기분이 좋다. 내가 누군가에게 은혜를 주었구나. 뿌듯하기도 하다. 그러나 어떨 때는 아무런 피드백이 없는 경우도 있다. 그 흔한 은혜 받았다는 말을 습관적으로 하시는 분도 반응이 없을 때면 자책하기도 한다. 그래서 설교 시간에 선포했다.

"앞으로 설교 후에 절대로 '은혜 받았습니다.'라는 인사를 저에게 하지 말아 주세요."

칭찬받기 위해서, 평가받기 위해서 설교하는 것이 아닌데 사단의 계략에 은근슬쩍 넘어가고 있었다. 하나님은 어떤 분이시고, 하나님을 믿는 우리가 어떻게 살아야 하는지가 설교의 중요한 부분이다. 즉, 은혜이다. 기분이 안 좋았는데 자신의 상황에 딱 맞는 설교를 하면 은혜이고, 아무렇지 않은 일상에 듣는 설교는 은혜가 아니라고 할 수 없다. 큰 감흥 없이 습관처럼 "은혜입니다."를 외치는 세상을 살고 있다.

하루는 고등학교 3학년 학생이 찾아와 물었다.
"은혜가 뭐예요?"

가장 어려운 질문은 가장 보편적인 단어에 대한 질문이다.

"은혜는 하나님의 선물이지. 받을만한 자격이 안 되는데 주시는 하나님의 선물. 그게 은혜지."

"그럼 전 은혜를 못 받은 건가요?"

그 학생의 이야기는 이랬다. 고등학교 2학년 때까지 같이 신앙 생활하던 친구가 고등학교 3학년이 되자마자 주일에도 학원에 가야 한다는 이유로 교회에 나오지 않았다. 그래도 자신은 하나님을 예배하고, 헌신하는 것이 우선이라고 생각했다. 그래서 열심히 예배드리고 수련회도 가고, 헌신했는데 대학교 입학시험에 떨어졌다. 교회에 나오지 않았던 친구는 대학교 시험에 합격했다. 스스로 그럴 수 있다고 생각했다. 그런데 합격한 친구의 어머니가 교회에서 떡을 돌렸다. 그 어머니의 말이 대학교 입학시험에 떨어진 학생의 마음에 어려움을 주었다.

"우리 딸이 하나님의 은혜로 대학에 합격했어요."

불합격한 학생은 '난 은혜를 못 받은 건가?' 싶어서 나에게 은혜의 의미가 무엇이냐고 물은 것이었다.

"은혜는 하나님의 선물이다."라는 대답이 그 친구의 마음을 더 어렵게 만들었다. 하나님의 선물인데 왜 나만 못 받은 건가, 내가 그렇게 하나님께 예배드리고 헌신했는데 왜 선물을 못 받고, 예배도 드리지 않고 헌신하지도 않은 친구는 합격한 것인가에 대한 생각에 믿음이 흔들린다는 솔직한 고백이었다.

그러나 여기에는 두 가지 문제가 있다.

첫 번째 문제는 대학의 합격, 불합격으로 은혜가 있고 없고를 판가름할 수 없다는 것이다. 하나님의 뜻을 우리가 온전히 알 수 없기 때문에 결과만을 가지고 가타부타 할 수 없다. 말도 안 되는 어려움을 당할 때 하나님을 원망하지만, 시간이 지나면 왜 그렇게 하셨는지 어렴풋이 알게 되기도 한다. 대학에 합격했다고 은혜이고, 불합격했다고 은혜가 아니라고 할 수 없지만, 아마도 대학에 합격한 친구의 어머니는 자신의 딸이 선물을 받을 만큼 하나님을 잘 믿지 못했는데도 대학에 합격했기 때문에 '하나님의 은혜입니다.' 라고 고백했을 것이다.

두 번째 문제는 "예배 잘 드리는 사람과 공부를 열심히 하는 사람 중에 누가 대학에 합격할 확률이 높은가."이다. 당연히 공부를 열심히 한 사람이 대학에 합격하기 유리하다. 우리는 이

진리를 알면서도 공부하기보다는 예배드리려고 한다. 그러면서 하나님께 이렇게 기도한다.

'하나님, 저 오늘 예배드렸어요. 그러니까 대학에 합격시켜 주세요.'

어렸을 때 여름 성경학교를 다니던 모습과 같다. '일찍 오는 사람, 예배 잘 드리는 사람, 찬양 열심히 하는 사람, 말씀 잘 외우는 사람은 선물을 받아요.' 이런 습관들이 성인이 되어서도 남아있다. 우리의 노력으로 받는 선물이 은혜가 아니다.

연극영화과에 진학하려는 청소년을 레슨 하다 보면 착각하는 친구들이 있다. 연기연습만 열심히 해서 실기를 잘 보면 된다고 생각한다. 그래서 다른 과목 공부는 소홀히 한다. 그러나 현실은 그렇지 않다. 연극영화과를 진학하기 위해서 이제는 실기와 함께 교과목 성적이 중요하다. 교과목 성적이 안 좋으면 작품을 분석할 능력, 대사를 외우는 능력이 떨어진다. 아무리 연기를 잘해도 대사를 외우지 못하고, 작품분석을 못 하면 소용이 없다.

그런데 우리는 예배 잘 드렸다고, 헌신했다고 생떼를 부린다. 예배를 잘 드리고 하나님께 헌신하는 것은 성도의 의무이지 어떠한 거래 조건이 될 수 없다. 하나님과 우리 사이를 갑과 을의 관계로 표현한다면 하나님께서 갑이시고 우리는 을이다. 을이 갑에게 당연히 해야 하는 것으로 생떼를 써도 소용이 없다.

고등학교 3학년이 되어서도 예배를 드리고 수련회에 가고, 헌신을 한 것으로 대학에 합격시켜달라는 건 학교 열심히 다녔으니 대학에 합격시켜달라는 것과 같다. 학교에 다니는 것으로 대학에 합격할 수 없다. 학교에 다니면서 공부를 열심히 해야 한다.

은혜도 마찬가지이다. 은혜는 누구에게만 특별한 선물이 아니라 누구에게나 주시는 선물이다. 단지, 우리를 너무도 잘 아시는 하나님이 각 사람에게 맞는 선물을 주실 뿐이다. 각자에게 맞는 선물이 있다. 굳이 필요 없는데 다른 사람이 가지고 있는 것을 보고 나도 있으면 좋겠다고 해 봤자 나에게는 쓸모없는 과시용에 불과하다.

청소년들에게 행복하냐고 물어보면 절반은 그렇다고 답한다. 그런데 아무리 행복한 사람도 갑자기 불행하다고 느끼는 경우가 있다. 다른 사람과 나를 비교하는 소리를 들으면 갑자기 불행해진다. 다른 사람들과 비슷하지 않기 때문에 불행하다? 이것은 사단의 속삭임이다.

 '누구는 뭘 할 줄 안다. 넌 할 수 없지? 할 수 있으면 한번 해 봐. 안 되는 것을 보니, 하나님이 널 별로 안 좋아하나 봐. 더 이상 신경 쓰지 않나 봐.'

 어떤 것을 결정해야 할 때마다 하나님께서 응답해 주면 좋을 텐데 하나님은 내가 결정하라고 한다. 그리고 믿으라고 하신다. 네가 결정했지만, 결과는 내가 만들어 가겠다고 한다. 그런데 다시 생각해 보면 결정의 순간 하나님께서 개입하신다고 하시면 얼마나 귀찮을까.

 '오늘은 밥 말고 떡 먹어. 전철을 타지 말고 버스 타. 동쪽으로 가야 귀인을 만날 거야.'

 이건 아침마다 검색사이트에서 볼 수 있는 하루의 운세이다. 무당을 만나서 "어떻게 하면 대학에 갈 수 있나요? 직장에 취직할 수 있나요? 결혼 할 수 있나요?"라고 묻는 것과 같다.

매순간 주님께서 말씀하시면 그 삶이 과연 재미있을까. 하나님은 우리의 자유의지를 존중하시고. 여기서 믿음이 무엇인지 알게 된다. 어떤 결정을 하더라도 하나님이 함께하시기 때문에 하나님께서 이루어 주실 것을 믿는 것이다.

가끔 청소년들이 하나님의 뜻이 무엇인지 모르겠다고 물어온다. 그런데 이미 마음속에서 결정이 끝났는데 자신의 결정이 맞는지 확인하는 차원에서 하나님께 묻는 경우가 있다.

남학생이 맘에 드는 여학생이 생겼다. 사귀고 싶은데 나름 신앙인으로 결정하고 싶어서 나에게 물었다.

"마음에 드는 여학생이 생겼는데 사귀는 것이 하나님의 뜻일까요?"

"그럼 일주일 시간을 두고 기도해 보는 건 어때?"

일주일이 지나고 물었다.

"하나님께 기도했어? 하나님은 뭐라고 하시니?"

"기도한지 3일 째, 하나님께서 사귀라고 했어요."
"하나님께서 어떻게 말씀하셨는데?"

"특별한 말씀은 없었는데 여학생을 생각하면서 기도할 때마다 기분이 좋았어요."

좋아하는 사람을 생각하면서 기도하면 당연히 기분은 좋다. 기분이 좋기 때문에 하나님께서 사귀라는 응답으로 생각했다는 것이다. 남학생은 그렇게 사귀기 시작해서 한 달도 안 돼서 결국 헤어졌다. 우리도 비슷하지 않은가. 주님께 맡기는 것이 아니라 마음속으로 이미 결정해 놓고 통보하는 기도를 드린다.

하나님의 은혜는 보이지 않지만 존재한다. 세상에서 가장 신비한 마술은 무선 자동차의 작동 원리이다. 리모컨과 자동차가 분명 연결되어 있지 않은데 리모컨을 조정할 때마다 따라 자동차가 움직인다. 선이 보이지 않는데 자동차가 너무도 잘 움직인다. 하나님의 은혜도 보이지 않지만 작용하고 있다. 그런데 자동차가 멈추게 되는 경우가 있다. 리모컨과 자동차의 거리가 너무 멀어졌을 때이다. 하나님과 우리 사이도 마찬가지이다. 예배와 헌신, 봉사는 떼려고 해도 뗄 수 없는 관계이지, 관계를 나아지게 하는 방법은 아니다.

둘째 아들이 5살 때 어린이집에서 종이컵 전화기를 만들었다. 2m 정도 되는 실이 종이컵 밑바닥에 연결되어 있다. 한쪽을 나에게 준다.

"아빠. 아빠가 이쪽에 있으면 내가 저쪽으로 갈게."
"알겠어."
"아빠가 먼저 받아. 내가 먼저 걸게."
"아빠!! 내 목소리 들려?"

종이컵으로 받지 않아도 거리가 가까워서 너무도 잘 들린다.

"와!! 잘 들린다."
"아빠, 이제 내가 들을 테니까 아빠가 말해봐"

나도 큰 소리로 말했다. 혹시라도 안 들리면 안 되니까.

"형은아. 아빠 목소리 들려?"
"와!! 잘 들려. 이거 되게 신기하다."

선으로 연결된 종이컵 전화기도 신기한데, 스마트폰은 어떨까. 선이 없는데 멀리 외국에 있는 사람과 얼굴을 보면서 통화를 한다. 가끔 끊기기도 하지만 목소리를 들을 수도, 얼굴을 볼 수도 있다. 필요할 때만 연결되는 것이 아니다. 내가 스마트폰을 조작하지 않아도 스마트폰은 24시간 연결되어 있다. 언제든 통화할 수 있다. 배터리만 있다면 문제없다.

하나님과 우리도 그렇게 연결되어 있다. 그게 은혜이다. 교환원이 중간에 연결해 주는 전화기가 아니다. 내가 원하는 대로 부를 수 있다. 은혜는 24시간 빈틈없이 연결되어 있는 하나님과 우리와의 관계이다. 예배와 헌신은 스마트폰에 배터리를 충전하는 것이다. 배터리가 방전되면 관계는 끊어진다. 오늘도 은혜를 찾아 헤매지 않아도 된다. 지금 우리 곁에 하나님의 은혜가 있다.

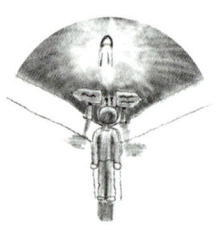

하나님과 우리도 그렇게 연결되어 있다.

사랑은 눈물의 씨앗입니다

"사랑은 여기 있으니

우리가 하나님을 사랑한 것이 아니요

오직 하나님이 우리를 사랑하사 우리 죄를 위하여

화목제로 그 아들을 보내셨음이니라."

요한1서 4:10

사랑이라는 단어는 언제나 마음을 설레게 한다. 내가 누군가를 사랑하는 마음도, 누군가의 사랑을 받을 때도, 이 사랑이라는 말은 어떤 상황에서든지 마음이 싱숭생숭해지게 만든다. 청소년들은 사랑을 좋아한다. 사랑의 모습이 저마다 다르게 표현되고 반응하지만 그래도 모두가 사랑을 좋아한다. 청소년에게 사랑은 사춘기의 변화 속에서도 나타난다. 성장의 변화로 일어나는 감정의 소용돌이는 사랑이라는 감정으로 표현된다. 그래서 누군가의 관심을 받고 싶어 하고, 누군가를 사모하게 된다.

사춘기(思春期)의 한자어에서 '사(思)'는 생각할 사이다. '춘(春)'은 봄을 의미하기도 하지만, 정욕을 의미하기도 한다. 즉, 사춘기는 성(性)에 눈을 뜨는 시기를 뜻한다. 청소년 시기는 성(性)에 눈을 뜨면서 자신의 정욕을 해결할 생각을 한다. 남자는 사랑한다는 이유로 정욕을 나눌 것을 요구하고, 여자는 사랑받기 위해서 정욕을 거절하지 못하는 문제가 생기기도 한다.

군대에서 제대하고 선교회 간사로 있을 때 친하게 지낸 고등학교 2학년 여학생이 어느날 도움이 필요한 친구 문제로 상담을 요청했다. 심각한 내용이었다. 친구에게 남자친구가 생겼는데 남자친구가 스킨십을 하면서 성관계를 요구했다고 한다. 그래도 친구는 계속 거절했다. 그러나 남자친구는 기분 나쁜 표정으로 말했다.

"나는 너를 사랑하는데 너는 나를 사랑하지 않아?"
여학생은 마지못해 성관계를 가졌다. 남자친구는 자신의 성욕을 충족시키기 위해서 여학생에게 "사랑한다."라고 말했다. 남자친구는 사랑은 '성관계'를 통해 완성된다고 생각했다. 육체적인 욕구를 위한 남자친구의 사랑한다는 말에 여학생은 언제나 무장 해제됐다. 난 이해할 수 없어서 "하기 싫으면 하지 않으면 되잖아."라고 말했지만 그 여학생의 사연을 듣고는 아무런 말을 할 수 없었다.

여학생은 할머니 손에 자랐다. 부모님은 여학생이 초등학교 3학년 때 이혼하셨다. 이혼하시고 아무도 여학생을 양육하지 않으셨다. 어쩔 수 없이 할머니가 여학생을 키웠다. 먹고 사는 게 힘들 때면 할머니는 손녀에게 푸념했다.

"어이구, 너 때문에 엄마 아빠가 살기 어려워서 이혼했다."
여학생은 자기 때문에 부모님이 이혼하시고, 할머니도 힘들어한다는 말이 슬펐다. 자신은 이 세상에 쓸모없는 존재이구나라고 생각했다. 아무도 자신을 사랑하지 않는다는 사실이 더 슬펐다. 그렇게 시간이 지나 고등학생이 된 자신을 사랑한다는 남자친구가 생겼다. 남자친구는 자신에게 잘해주었나. 사랑한다는 말도 해주었다. 그러나 사랑한다는 말 뒤에는 항상 대가가 따랐다. '사랑은 언제나 대가가 따르는구나.'라고 여학생은 생각했다. 그래서 싫지만, 남자친구가 원하는 대로 해주었다.

그게 사랑인 줄 알았기 때문이다.

한참을 듣던 난 아무런 말도 해줄 수 없었다. 아니, 내가 해줄 수 있는 게 없었다. 그저 두려웠다. 하나님의 사랑을 알면 사랑이 뭔지 알 텐데 그걸 모른다는 게 안타까웠다. 그런데 설령 안다고 해도 이미 사랑에는 대가가 따른다고 생각하고 있는 여학생에게 하나님의 사랑은 부담이 될 수도 있었다.

청소년에게 사랑은 중요하다. 그렇기 때문에 사랑 때문에 자살하기도 한다. 뉴질랜드에 있을 때 한인 청소년들과 성경공부하려고 학교 점심시간에 찾아갔다. 가을에서 겨울로 넘어가는 막 쌀쌀해지는 어느 날 학교에서 남학생을 만났는데 아무렇지 않은 목소리로 자기 학교에 한 남학생이 자살했다고 말했다. 놀라서 그 이유를 물어봤다.

"사귀던 여자 친구가 헤어지자고 해서 자살했대요."

뭔가 큰 이유가 있는 줄 알았는데 여자 친구와의 이별 때문에 자살했다. 어른의 입장에서는 '그런 걸로 자살하나?' 쉽게 생각할 수 있다. 그러나 남학생에게 여자 친구는 자기 삶의 전부였다. 전부였던 사람을 더 이상 만날 수 없고, 사랑할 수 없다는 사실은 자살이라는 극단적인 선택으로 이끈 것이다. 현대사회에는 신경정신과 치료를 받는 사람들이 점점 늘어나고 있다. 결핍에서 오는 감정의 분열이 일어나고 있다. 인정받고 싶고, 자신을 사랑해달라고 몸부림치는 시대이다. 이런 시대에 살고 있는 청소년들은 더 사랑을 갈구한다. 그러나 어떤 사랑이 진정한 사랑인지는 분별이 필요하다.

청소년에게 사랑에 대해 강의할 때마다 남자와 여자가 사귀게 될 때 조심해야 할 것들을 가르친다.

"남자는 눈을 조심해라. 눈에 보이는 신호가 곧바로 뇌로 들어가 성적 충동을 일으킨다. 그래서 야한 동영상, 지나가는 여자의 옷차림 보는 것 등을 조심해라."

"여자는 귀를 조심해라. 여자는 귀가 약하다. 사랑한다는 말, 예쁘다는 말, 네가 최고라는 말을 조심해라. 세상에 공짜는 없다. 분명 무언가 꿍꿍이가 있을 것이다. 남자친구를 사귀었는데 남자친구가 '좋아한다.'라고 '사랑한다.'라고 하면서 스킨십을 하려고 한다면 여자들은 정신 똑바로 차리고 남자친구에게 과감하게 선포해야 한다."

"예수 그리스도의 이름으로 선포하니 사단•마귀는 물러갈지어다. 물러갈지어다. 물러갈지어다."

물론 믿는 청소년이 선포해야 한다. 믿지 않는 청소년이 하면 부작용이 일어날 수가 있다. 정신 나간 여자라고 생각할 수 있다. 믿는 청소년이 하면 두 가지 반응이 나올 수 있다.

첫째, 여자 친구가 미쳤구나 하면서 도망갈 것이다. 도망가는 남자친구는 자격이 없기에 가라고 해도 된다.

둘째, 어쩌면 예수님을 잘 믿는 사람이구나 하면서 반할 수 있다. 그때는 복음을 잘 전해서 교회에 나가도록 권유해야 한다.

어쩌면 우스갯소리처럼 들릴지도 모른다. 그러나 청소년 대부분이 사랑을 제대로 모르고 자란다는 것은 오늘날 분명히 나타나는 현상이다. 사랑이 일방통행으로 여겨지는 경우가 있다. 어떤 사람에게 사랑은 주기만 하는 거로 생각한다. 결혼한 제자가 결혼한 지 5개월 될 때 전화가 왔다.

"간사님, 저 너무 힘들어요. 이 사람이랑 너무 안 맞아요. 이혼하고 싶어요."

믿지 않는 남편이랑 결혼을 결심하면서 자신이 헌신하고 열심히 사랑해 주면 남편이 교회를 가고 변할 줄 알았다. 그러나 남편은 결혼 전에 결혼을 위해서 여자에게 헌신했다. 그리고 결혼하고 나서 조금씩 본색을 드러냈다. 주일마다 핑계를 댔다. '아프다.', '날씨가 좋으니까, 오늘은 놀러 가자.' 이렇게 핑계가 늘어도 여자는 사랑하는 마음으로 참고 헌신했다. 그러나 시간이 지날수록 감당하기 힘들었다. 전도하는 마음에서 참고 또 참았지만 자신은 점점 무너지고 있었다. 그렇게 사랑은 주기만 하면 된다고 생각하는 사람들이 있다.

또 사랑을 받기만 하려는 사람이 있다. 흔히 관종(관심종자)들이 그렇다. 청소년 중에는 수의십중 결핍이나 감징조절의 어려움으로 약을 먹는 청소년이 있었다. 학교에 첫 수업을 가면 담당 선생님이 출석부를 주면서 주의를 준다.

"선생님, 이 친구는 약 먹는 친구예요. 혹시라도 수업 중에 무슨 짓을 해도 신경 쓰지 마시고 저를 불러주세요."

약 먹는 친구는 특별대상이다. 학교에서는 문제가 일어나지 않게 하려고 애쓴다. 그러다 보니 약을 먹는 친구들은 더 자기 맘대로 하려고 한다. 복음을 전하기 위해서 가끔 학교 주변의 교회 장소를 빌리기도 한다. 그날은 교회에서 연극 놀이 수업을 했다. 다른 학생들은 연극 놀이 수업에 적극적으로 참여하는데 남학생은 옆에서 구경만 하고 있었다. 그래도 게임을 시켰고, 질문을 했다. 그러자 갑자기 예배당을 나가면서 큰 화분을 깼다. 다급히 쫓아갔지만 이미 멀리 가버리고 보이지 않았다. 화분 깨지는 소리를 듣고 교회 목사님이 오셨다. 나도 당황했다. 그러나 학교 친구들은 아무렇지 않은 듯했다. 자주 있는 일이라고 한다. 남학생은 충동적 행동에 대한 약을 먹는 청소년이었다.

무언가 자기 맘에 들지 않고, 민망한 상황이 생기면 돌발행동을 한다고 한다. 그렇게 수업이 끝나고 학생들에게 간식으로 피자와 치킨을 사주면서 먹고 있었다. 뛰쳐나간 남학생이 간식 먹고 있는 여학생에게 문자를 보냈다.

'거기 분위기 어떠냐?'
'아무 일 없는데. 우리 간식 먹고 있어.'

그렇게 돌발행동을 하고 난 다음에 꼭 친구들에게 묻는다고 한다. 어떻게 됐는지, 나에 대해서 어떻게 얘기하는지가 궁금해서 친구들에게 문자를 하는 것이다. 관심 받고 싶어 하고 사랑받고 싶어 한다. 사랑받기 위해서 거짓말도 하고, 연기도 한다. 청소년들은 그렇게 사랑을 좋아한다. 그러나 사랑이 정확히 무엇인지는 모른다.

남녀 간의 사랑, 부모의 사랑이 전부이다. 남녀 간의 사랑은 대가를 원하는 사랑이다. 내가 사랑하니 너도 나를 사랑해라. 부모의 사랑은 희생적인 사랑처럼 보이지만, 완벽하지 않은 사랑이다.

우리에게 사랑은 하나님이 보여주신 예수 그리스도의 십자가 사랑이다. 하나님의 사랑은 우리가 딴 길로 가도, 다른 모습으로 살아도, 언제나 우리를 기다리신다. 변함없이 그 자리에 계시는 사랑이다. 대가가 없는 사랑, 변함없는 사랑, 무조건 용서의 사랑, 위로의 사랑, 나에게 맞춰주시는 사랑이다.

아브라함은 하나님이 소돔과 고모라 땅을 멸망시키시겠다는 말을 듣고 하나님께 묻는다.

"의인을 악인과 함께 멸하시려고 합니까? 그 땅에 의인 50명이 있으면 어찌하시겠습니까?"

"의인 50명이 있으면 그 땅을 용서하리라."
"45명?"
"45명 있어도 용서."

"40명?"
"40명 있어도 용서."

"30명?"
"30명 있어도 용서."

"20명?"
"20명 있어도 용서."

"10명?"

"10명 있어도 용서."

 우리를 심판하시고 벌주시는 그런 무자비한 하나님이 아니시다. 하나님의 사랑은 우리의 생각과 환경에 맞춰 하나님은 우리를 사랑하신다. 만약 하나님의 기분으로 따진다면 우리는 벌써 없어졌어야 할 존재들이다. 아브라함 시대에 하나님은 인간들의 수많은 죄악을 보셨기에 모두 없애버리고 처음부터 다시 시작하셨어도 된다. 그러나 하나님은 인간을 고쳐 쓰신다. 인간이 그런 존재일 것을 이미 아시기에 참으시고, 기다리시고, 기뻐하신다. 이것이 바로 우리가 이해할 수 없는 놀라운 하나님의 사랑이다.

참으시고, 기다리시고, 기뻐하신다.

삭개오 콤플렉스

"예수께서 이르시되 오늘 구원이 이 집에 이르렀으니
이 사람도 아브라함의 자손임이로다."

누가복음 19:9

인간은 누구에게나 콤플렉스가 있다. 심지어 아름다운 외모를 가지고 있는 연예인들도 콤플렉스를 가지고 있다. 미모로 따지면 누구에게도 뒤지지 않는 한 여자 연예인은 콤플렉스가 엄지손가락이라고 했다. 남들보다 엄지손가락의 손톱이 둥글게 생겨서 예쁘지 않다는 것이다. 다른 사람들이 들으면 악성 댓글에 시달릴지도 모른다.

'그깟 엄지 하나가 뭐 어떻다고?'

그러나 그 사람에게는 그게 분명한 콤플렉스다. 콤플렉스는 자신이 남들보다 부족하다고 느끼는 감정 또는 의식이다. 즉, 남들은 전혀 의식하고 있지 않은데 자신은 그곳만 보인다. 아무리 예뻐도 자신의 맘에 들지 않는 엄지손가락은 콤플렉스가 된다. 아무도 엄지손가락을 자세히 보지 않는데 자기 몸이기 때문에 자세히 볼 수밖에 없다. 그래서 엄지손가락은 콤플렉스가 된다.

콤플렉스는 청소년에게서 가장 많이 나타나는 현상이다. 청소년기는 변화하는 시기이다. 작은 키가 콤플렉스였던 청소년이 한 달 만에 10cm 이상 키가 자라는 경우도 있고, 얼굴의 여드름이 콤플렉스인 친구가 일 년 만에 깨끗한 얼굴로 변하기도 한다. 청소년기는 호르몬의 변화로 계속 성장하고 변화하는 시기이다. 콤플렉스도 얼마든지 달라질 수 있다는 것을 뜻한다. 그러나 청소년은 그렇게 생각하지 않는다. 작은 여드름 하나, 남들보다 큰 덩치, 남들보다 작은 키가 콤플렉스가 된다.

얼굴이 유난히 하얀 한 여학생은 매일 아침 5시에 일어난다고 했다. 등교 시간은 8시 30분이지만 3시간 먼저 일어나 학교 갈 준비를 한다. 얼굴도 예쁜 편에 속하고 특히 하얀 피부가 인상적이었다. 여학생에게 물었다.

"피부가 좋은데 비결이 뭐야?"
"아침에 일어나서 화장해요."
"화장을 한 것 치고는 티 안 나게 너무 잘했는데."
"일찍 일어나서 준비하거든요."

매일 아침 5시에 일어나서 화장하고 머리를 손질하는데 시간을 투자한다. 그러다가 맘에 들지 않으면 다시 씻고 화장과 머리 손질을 다시 한다. 그래서 원래 얼굴색은 어두운 줄 알았다. 그런데 원래 하얀 얼굴이었다. 그러나 여학생에게 자기 얼굴은 어두운색이었다. 그래서 아침마다 세 시간이나 시간을 투자한다.

"화장하기 전과 후, 어떤 차이가 있는 거야?"
"엄청난 차이가 있죠. 자세히 보면 제 얼굴이 남들보다 까매요."
"그 정도의 얼굴이 까맣다고 하면 나는 뭐가 되지?"

자세히 봐도 보이지도 않는 작은 점이 당사자에게는 크게 보이는 것이 콤플렉스이다. 청소년은 그 작은 점이 아주 크게 보인다. 그래서 외모에 대해서 민감하다. 청소년기에 변화하는 자신을 받아들이기 어려운 것이다.

성경에도 콤플렉스를 가지고 있는 많은 인물이 나온다. 그런데 오히려 그 콤플렉스 때문에 하나님을 만나는 경우들이 많다. 특히나 어쩔 수 없는 콤플렉스를 안고 살아가다, 그 콤플렉스 때문에 변화된 사람이 있다. 바로 '삭개오'다.

성경은 삭개오를 키가 작은 세리장이라고 표현한다. 삭개오는 키가 작았기 때문에 예수님을 보기 위해 돌 무화과나무에 올라갔다. 그리고 예수님과 눈이 마주친다. 예수님은 '삭개오'에게 "오늘 밤 너의 집에서 지내겠다."라고 믿기 힘든 말씀을 하셨다. 그 이야기를 들은 주변의 '삭개오'를 아는 사람들도 수군거렸다.

"예수님이 저 죄인의 집에 간대."

'죄인'이라는 낙인이 부끄럽지만 '삭개오'에게는 사실이었다. 그리고 부인할 수 없는 이 사실이 또한 그를 변화시키는 변곡점이 된다. 예수님을 만난 삭개오는 다음과 같이 고백했다.

"예수님, 제 소유의 절반을 가난한 사람들에게 나눠주고 속여서 빼앗은 것이 있다면 네 배로 갚겠습니다."

엄밀히 말하면 전 재산을 드리겠다는 것과 마찬가지의 고백이다. 절반만 포기해도 되지 않았을까. 그래도 충분히 많은 돈이었을 것이다. 굳이 그렇게 하지 않아도 됐을 거 같은데 왜 삭개오는 그런 결정을 내렸을까.

그에게는 두 가지 콤플렉스가 있었다. 첫 번째, 외모에 대한 콤플렉스다. 삭개오는 키가 작다고 성경에 나와 있다. 어떤 학자들은 삭개오의 키가 150cm도 안 되었을 것으로 추측한다. 정확히 알 수 없지만 성경에서 키가 작다고 했다면 누가 봐도 작은 키였을 것이다. 콤플렉스인 작은 키 때문에 삭개오는 인파에 둘러싸인 예수님을 볼 수 없었다. 그러나 작은 키가 오히려 예수님을 직접 만날 수 있는 기회가 되었다. 키가 컸다면 돌무화과나무에 올라갈 필요가 없었고 다른 사람들처럼 둘러싼 인파 중 한 명이었을 것이기 때문이다.

사람들은 저마다 콤플렉스를 가지고 있다. 남들은 잘 알아채지 못하지만, 자신만 콤플렉스처럼 느껴지는 부분이 누구나 있다. 남들은 예쁘다고 칭찬해도 자신은 맘에 들지 않고, 어디를 가도 항상 신경이 쓰인다.

내 꿈은 가수였다. 초등학교 때까지 노래를 잘 불렀다. 소프라노 높은음을 맑게 낼 수 있었다. 그래서 예술 고등학교 진학을 꿈꾸기도 했었다. 그러나 중학교 2학년 때 변성기가 왔다. 원래 변성기 때는 목을 아끼고 조심해야 하는데 당시 다니던 교회에 오르간 반주를 하시는 선생님이 조언을 해주셨다.

"은국아. 변성기 때도 열심히 노래 불러야 해. 그래야 더 목이 단단해져."

그래도 나름 유학파 선생님이셨기에 조언을 따랐다. 그런데 중학교 3학년이 되었을 때 내 목소리는 헤비메탈 가수의 목소리처럼 쇳소리가 가득하게 변해버렸다. 나중에 알게 된 거지만 변성기 때는 목을 아껴야 했다. 그러나 이미 늦었다. 그렇게 변해버린 목소리는 더 가늘어져 여자 목소리처럼 가늘어졌다. 그것이 나에게는 콤플렉스가 되었다. 고등학교에 진학해서 첫 친구들과 대화할 때도 다들 나를 이상한 눈으로 보았다.

"안녕. 내 이름은 오은국이야."

이미 가늘어진 쇳소리 같은 목소리에 내가 남자인지 여자인지 헷갈리는 그런 눈초리였다. 그때부터 누군가와 대화하는 것이 어색하고 싫었다. 그러다 학교에서 헤비메탈 밴드를 하는 선배가 내 목소리를 듣더니 가입을 권유했다.

"은국아. 너 목소리가 헤비메탈에 딱 맞는 목소리인데 우리 밴드에서 객원 싱어 안 할래?"
"네? 저 같은 목소리도 괜찮아요?"

"당연하지. 오히려 너 같은 목소리가 헤비메탈에 딱 맞다."
"그래요? 감사합니다."

첫 밴드 연습을 위해 연습실에 모였다. 악보를 주는데 영어가 가득했다. 당시에는 한국 헤비메탈이 많지 않던 시대라서 외국 곡이 많았다. 다들 고등학생이었고, 실력이 대단했다. 녹음된 노래를 들려주고 그냥 따라 부르면서 연습하라고 했다. 영어를 잘 못했지만 그래도 열심히 따라서 노래를 불렀는데 무슨 내용인지를 알면 감정을 더 잡을 수 있을 것 같아서 뜻을 선배에게 물어봤다.

"별거 아니야. 그냥 가사보다 목소리가 중요하니까."
"그래도 내용을 알아야 감정을 잡기 쉽지 않을까요?"

"헤비메탈은 가사보다 목소리와 밴드 사운드가 중요하니까 몰라도 돼."
"에이, 그래도 내용이라도 알려주세요. 무슨 내용이에요?"
"어…그냥 별거 없어. '지옥에 가고 싶다'라는 내용이야."

똑같은 가사가 반복되는 노래였다.

즉, '지옥에 가고 싶어. 지옥에 가고 싶어'를 계속해서 부르는 노래였다. 모태신앙이었으나 그렇게 열심히 신앙생활하고 있지는 않아도 지옥은 별로 가고 싶지 않았다. 내 마음을 더 힘들게 만든 건 모여 있는 밴드 멤버들이 모두 교회를 다니고 있는 고등학생들이고 심지어 교회 임원으로 활동하고 있는 사람도 있었다는 사실이다.

결국 나는 밴드를 나왔다. 여전히 목소리는 나에게 콤플렉스로 남았다. 군대에서도 경례하거나 대화할 때도 목소리는 콤플렉스였다. 점점 말수가 줄어들고, 자신감이 없어지는 내 모습을 보게 되었다. 군대에서 제대하고 교육학과로서 교생실습을 위해 여자고등학교에 나갔다. 그래도 나름 여자고등학교라고 남자 교생에 관한 관심으로 많은 시선이 쏠렸지만, '내 목소리를 들으면 환상이 깨지겠지.'라는 생각에 여학생들 앞에서 말을 하지 못하고 있었다. 그러다 내 콤플렉스를 깨게 된 사건이 일어났다. 기독교 학교였기에 전 학년 채플을 드리던 날이었는데 교생 중 한 명이 대표 기도를 해야 했다. 나이가 제일 많은 내가 대표 기도를 했다. 여학생들이 천 명가량 모였다. 남자 교생이 대표 기도를 한다는 말에 전 학년이 나의 목소리를 듣기 위해 눈을 뜨고 쳐다보고 있었다. 준비한 대표기도문을 읽기 위해서 목소리를 가다듬었다.

"기도하겠습니다."

여지없이 목소리가 갈라졌고, 나의 콤플렉스가 여실히 드러났다. 예배당은 순식간에 웃음바다가 되었다. 체육관이어서 내 목소리가 더 크게 울렸고, 웃음소리도 더 크게 울렸다. 천명이 비웃는 소리는 내 콤플렉스를 다시 가장 깊은 마음속 지하로 끌고 갔다.

"목소리가 왜 저래?", "남자야 여자야", "완전 이상해."

학생들을 조용히 시켜야 하는 선생님들도 같이 웃고 있었다. 웃음소리에 기도는 들리지도 않을 것 같았다. 그 순간 하나님께 기도했다.

'하나님, 이럴 때는 어떻게 해야 합니까?'

하나님의 음성은 들리지 않았다. 어쨌든 기도는 해야 했다. 그런데 그 순간 무슨 용기가 났는지 웃고 있는 학생들을 향해서 이렇게 말했다.

"기도할 준비가 되지 않으면 기도하지 않겠습니다."

교생이 말하기에는 건방진 소리였고, 내 목소리를 들은 학생들은 또 웃음이 터졌다. 그래도 다시 한번 말했다.

"두 눈을 감고, 두 손을 모으고, 기도합시다."

난 손해 볼 게 없었다. 어차피 감추려고 했던 내 목소리는 만

천하에 드러났고, 내 콤플렉스가 모두에게 드러났다. 더 이상 도망칠 곳도 없다. 그러나 내가 기도하지 않으면 예배는 끝나지 않으니까 계속 웃게 되면 모두가 손해이다. 잠시 후, 웃는 소리가 줄어들고 여학생들은 기도할 준비를 시작했다. 기도 중간에 웃는 소리도 들렸지만 그래도 기도는 무사히 마쳤다. 강단에서 내려가는 나에게 우리 반 학생들이 엄지를 세우며 말했다.

"샘, 멋져요."

나에게 콤플렉스는 목소리이다. 그런데 오히려 목소리 때문에 남들보다 청소년 사역을 하기 좋았다. 목소리가 크고 찢어지는 목소리이다 보니 무대에서 서서 마이크에 대고 소리치면 모두가 집중한다.

"와아 시끄러워. 엄청나게 큰 목소리네. 찢어지는 목소리 때문에 귀가 아퍼."

집중하지 않고 떠드는 청소년들이 단번에 집중한다. 음향 시스템이 고장 나서 마이크를 사용하지 못해도 내 목소리는 300

명까지도 감당할 수 있다. 숨기고 싶었던 내 콤플렉스가 청소년 사역에는 너무도 중요한 무기가 되었다. 하나님께서 삭개오가 예수님을 만날 수밖에 없도록 키가 작은 사람으로 만드신 것처럼 나에게도 콤플렉스는 하나님을 만나게 하는 과정이 되었다.

'삭개오'의 두 번째 콤플렉스는 세리 장이라는 직업이었다. 당시 세리들은 세금을 걷는 사람들로, 로마가 세금을 거두기 위해 같은 민족 사람인 유대인을 세워서 세금을 걷었다. 그런데 세리들은 같은 민족인 유대인들에게 정해진 세금보다 더 많이 걷었다. 세리 마음대로 세금을 걷을 수 있었다. 삭개오는 그런 세리들의 장이었다. 그래서 유대인들은 삭개오를 향해서 죄인이라고 말한 것이다. 삭개오의 콤플렉스는 왕따였다. 친구가 없었다. 아무도 그와 상종하려 하지 않았다. 욕하고 멀리하는 피하고 싶은 사람 중 하나였다. 어쩌면 수많은 사람 틈을 들어가기 쉬운 작은 키였음에도 그러지 못한 이유는 예수님이 보이지 않아서가 아니라 사람들 틈에 끼기 어려워서 그랬을지도 모른다. 사람들이 삭개오가 자신들의 틈에 들어오는 걸 싫어하고 배척했다. 그래서 돌 무화과나무에 올랐고, 예수님을 만났다.

청소년들은 콤플렉스가 많다. 성인들이 보기에는 별거 아닌 거 같아도 청소년들에게는 심각한 문제이다. 단순히 외모뿐이 아니다. 사랑받지 못하고, 사랑할 줄 모르는 것도 콤플렉스가 된다.

몇 년 전에 초등학교 6학년생이 엄마가 동생만 사랑한다는 말을 듣고 아파트에서 뛰어내렸다. 어이없는 사건이지만 사랑받지 못한다는 것은 심각한 콤플렉스가 될 수 있다. 청소년들은 사랑받길 원한다. 사랑은 여러 가지 모습으로 나타난다. 사랑한다는 말이 될 수도 있고, 작은 관심거리가 될 수도 있다.

고등학교 채플 시간에 찬양 인도를 한 적이 있다. 기독교 학교지만 학생들이 찬양을 열심히 하지 않는 편이었다. 무슨 곡을 할지 고민하다가 당시에 유행하던 '당신은 사랑받기 위해 태어난 사람'이라는 곡을 불렀다. 영화와 드라마, CF에서 자주 등장하는 곡이기에 많이 알아서인지 평소보다 많은 학생이 따라 불렀다. 그런데 몇몇 친구들이 소리 없이 울고 있었다. 이유를 다 알 수 없지만 나중에 학교 선생님께서 이유를 말씀해 주셨다.

"울었던 학생들이 대부분 결손 가정이에요. 부모로부터 사랑을 받지 못한 경우들이 많죠. 사랑받을 자격이 없다고 생각들을 해요."

아무리 공부를 잘해도 사랑받지 못한다는 생각은 콤플렉스가 된다. 콤플렉스 또한 하나님께서 주셨다. 하나님께서 콤플렉스를 주신 이유는 부족하다고 느끼는 것들 속에서 하나님을 만나기 원하시기 때문이다. 콤플렉스는 인간의 기준이다. 그래서 어떤 사람에게는 콤플렉스가 되는 부분이 어떤 사람에게는 콤플렉스가 아닐 수 있다. 하나님은 실수가 없으신 분이다. 실수로 콤플렉스를 만들지 않으셨다. 일부러 콤플렉스라고 느끼는 부분을 만드셨다. 그리고 그 이유를 하나님 안에 찾기를 바라신다. 나를 창조하신 하나님이 실수했다고 인정하는 순간 콤플렉스는 해결되지 않는다. 콤플렉스의 해결 방법은 인정하는 거다. 나에게는 콤플렉스지만 하나님에게는 끊어진 관계를 이어줄 수 있는 다리가 될 수 있다. 콤플렉스로 다리를 끊어버릴 것인가? 아니면 콤플렉스를 다리로 쓸 것인가.

오늘도 수많은 청소년이 콤플렉스를 경험하고 있다. 하나님이 얼마나 나를 사랑하는지 느껴보라. 더 이상 콤플렉스로 보이지 않을 것이다.

하나님은 실수가 없으신 분이다.

God loves you more deeply than words can ever express.

'비교', 가장 흔한 유혹

"시기와 다툼이 있는 곳에는 혼란과 모든 악한 일이 있음이라."
야고보서 3:16

대학원에서 같이 공부했던 청소년 사역을 잘하시는 목사님이 있었다. 청소년 사역을 열심히 하시고, 나름 유명한 사역자였다. 설교도 잘하고, 기도도 잘하고, 모든 사람이 좋아하는 그런 인격을 가졌다. 대학원에 같이 공부하면서 매우 부러웠다.

한 번은 청소년부 학생들을 데리고 연합캠프에 갔는데 그 목사님이 말씀을 전하고 있었다. 수백 명의 청소년들에게 말씀을 전하면서 울리고 웃기고, 영향력을 발휘하는 모습을 보면서 한편으로 나 자신이 초라하게 느껴졌다.

'나도 하면 잘할 거 같은데 왜 하나님은 나를 이렇게 쓰시지 않는 걸까?'

사역을 감당하면서 가장 힘든 것은 '비교'이다. 다른 사람은 이만큼의 능력을 발휘하고, 사람들에게 인정받는데 자기 자신은 그렇지 못하다는 생각에 자신을 비난하고, 자신을 사랑하지 못하게 된다. 그 이상이 되면 비난의 원인을 제공한 대상을 찾으려고 애쓴다. 그게 하나님이 된다.

청소년들이 하나님을 떠나는 이유 중 하나가 삶의 어려운 이유를 하나님이 나를 도와주지 않아서라고 생각하기 때문이다. 어떻게든 이유를 찾으려고 한다. 찾다가 찾다가 하나님으로 결론을 짓는다. 그러고는 하나님을 떠난다. 교회에 출석해 하나님을 믿기까지 많은 시간이 소요되지만, 하나님을 떠나는 건 찰나이다.

인간이 영적으로, 육적으로 가장 빨리 망가지는 길은 '비교'이다. 타인의 삶과 비교하면서 자기 삶이 얼마나 귀하고 멋진지를 이해하지 못한다. 우리가 기억해야 할 것은 하나님께서 인간을 각각 다른 모습으로 창조하셨다는 것이다. 저마다 고유의 모습으로 다른 삶을 살고, 다른 결과들을 얻게 되는 것이다. 그런데도 우리는 비교로 자신을 힘들게 하는 이유가 무엇일까.

다르게 만드셨기 때문에 다른 목적의 삶을 살아가야 하는데 모두가 같은 목적을 위해 살아가고 있다. 시험 100점 맞아야 하고, 돈 많이 벌어야 하고, 비싼 차를 타야 하고, 비싸고 넓은 집에서 살아야 한다. 다르게 창조되었는데 같은 목적으로 살아가다 보니 남들과 비교할 수밖에 없다.

그러나 하나님은 한 사람, 한 사람을 다른 모습과 다른 생각, 다른 삶을 살아가게 만드셨다. 하나님이 만드신 창조 계획안에서 하나님과 동행하면서 살면 된다. 하나님과 동행한다는 것은 매 순간 하나님이 내 곁에 계신다는 사실을 인정하는 것이다. 상황적, 환경적인 동행이 아니다. 하나님이 나와 일분일초도 쉬지 않고 나를 바라보고 계신다는 사실을 알게 된다면, 지금의 '비교'는 의미 없다. 왜냐하면 하나님이 나를 위해서 준비하신 일들이 따로 있음을 기대할 수 있기 때문이다.

대학교를 기독교 교육학과로 졸업하고도 연극이 너무 하고 싶어서 무턱대고 서울예술대학교 연극과에 시험을 봤다. 그런데 놀랍게도 합격이었다.

'내가 서울예술대학교 연극과에 합격하다니. 어떻게 이런 일이 있을 수 있지?'

많이 들떠 있었다. 유명한 배우가 될 거라 생각했다. 그러나 그렇지 않았다. 연극학과에 합격하고 얼마 지나지 않아 매 학기마다 하는 고사에 참석하라는 연락을 받았다. 공연 중 사고가 나지 말라고 300명이 넘는 학생들이 모여서 고사를 지내는 전통적인 행사였다. 신입생이 고사를 빠지는 건 있을 수 없는 일이기에 어떻게 해야 하는지 고민이 되어 진지하게 선배에게 물어봤다.

"선배님, 고사에 꼭 참석해야 하나요?"
"당연하지. 왜 참석 못 해?"

"네, 제가 기독교인이라 고사상에서 절을 할 수가 없습니다."
"기독교인이라서 절을 못 한다고?"

"네, 제 신앙으로는 용납이 안 됩니다."

"야!! 우리 아빠 목사야. 그래도 난 고사에서 절하는데…"

선배의 말에 학교를 휴학했다. 그리고 자퇴를 결정했다. 어쩌면 오버일 수도 있다. 한 번쯤 눈감는다고 누가 뭐라고 하거나, 나중에 회개 기도하면 되지 라고 생각할 수 있다. 학교에 다니는 동안 이름 있는 영화사에서 캐스팅 제의도 들어왔다. 학교를 다니고 졸업하는 것이 내가 원하는 연기를 하고, 유명해질 수 있는 길인 것은 자명했다. 그러나 학교를 그만두는 것이 하나님 앞에서 떳떳했다.

대학교 기독교 교육학과 1학년 때 연극을 너무 하고 싶어서 연극동아리에 들어갔다. 동아리 첫날 연기연습을 하고 신입생 파티를 하러 클럽에 갔다. 연극동아리에는 기독교 교육학과 동기인 친구와 목회학과 동기들도 있었다. 클럽에서 환영식을 하는데 술이 빠질 수 없었다. 기독교 교육학과와 목회학과를 제외한 모두가 술 마시면서 신나게 놀고 있었지만 우리는 그러지 않았다. 한참 시간이 지나고 술을 안 마시는 사람들에게 선배가 소리쳤다.

"술 안 마실 거면 음료수도 마시지 마. 음료수가 더 비싸."

처음에는 술이 없어도 잘 놀 수 있다는 생각에 열심히 땀을 흘리며 놀았지만, 시간이 갈수록 목이 너무 말라왔다. 그때 목회학과 1학년이 제의했다.

"야!! 너무 목마르다. 그냥 맥주 한 잔씩 하자. 내일 주일인데 교회 가서 회개기도 하면 되지."

그때까지 술을 안 마시고 버티던 다른 학생들도 웃으면서 화답했다.

"그래, 그러자. 내일 회개하자."

그러고는 맥주잔을 부딪쳤다. 그때 기독교교육과 동기가 나에게 말했다.

"은국아! 우리 그냥 가자. 여기 있으면 우리도 술 마실 것 같아."

클럽을 나왔다. 신학교를 다닌다고, 기독교 교육학과를 다닌다고 우리의 믿음이 남들보다 더 좋거나, 크지 않다. 지금 이 순간에도 사단·마귀는 우는 사자와 같이 삼킬 자를 찾고 있다

(베드로전서 5:8).

 거룩한 사람이 구별되어 다른 삶을 사는 것처럼, 하나님을 믿는 사람은 다르게 살아야 한다. 하나님과 동행하며, 하나님의 음성에 민감하게 반응할 수 있는 관계가 되어야 한다. 주변의 소음이 너무 시끄러우면 정작 들어야 할 하나님의 음성은 듣지 못한다. 하나님의 음성은 들리지 않는 것이 아니라 주변의 소음 때문에 우리가 못 듣고 있는 것이다. 세상 주변의 시끄럽고 바쁘고, 남과 비교하는 만드는 모든 나쁜 소리를 볼륨을 줄여 하나님의 음성이 가장 크게 돌리도록 조정해야 한다.

 '비교'는 사단이 가장 좋아하고, 즐겨 쓰는 방법이다. 가장 흔한 방법인데도 우리는 속절없이 넘어간다. 신학적으로 높은 지식이나 믿음의 분량을 자랑하기 좋아하다 보면 가장 기초적인 수법에 넘어진다. 그게 '비교'이다.

 '비교'와 '거룩', 두 단어는 다른 뜻 같지만 닮아있다. 구별된 삶을 사는 게 '거룩'이고 악한 것과 선한 것을 '비교'함으로 어떤 것이 맞는지를 선택하게 한다. 하나님의 것과 그렇지 않은 것을 '비교'해서 선택해야 할 우리인데, 오히려 지금의 나와 다른 사람을 '비교'하는 것에만 시간을 할애하고 있다. 그 결과 '거룩'에서 멀어지는 삶을 살아가고 있다. '거룩'한 삶을 살기 위해 '비교'를 잘 활용할 수 있는 능력을 키워야 한다.

너무나 멋지다고 생각했고, 내가 따라갈 수 없다고 생각했던 그 목사는 성적인 문제를 일으켜 모든 자리에서 물러났다. 드러나지 않아도 묵묵히 자기 일을 하는 겸손한 사역자와 누구보다 화려하고 인정받았던 그 목회자의 삶, 어떤 삶이 더 나은지 묻지 않아도 우리는 잘 알고 있다. 그럼에도 왜 그런 삶을 포기하지 못하고 계속해서 구하며 살아가는가. '난 그 사람과 다를 거야'라는 교만한 생각 때문이다.

왜 하나님이 나를 유명하지도 않고, 다른 사람들에게 추앙받는 사역자로 만들지 않았을까. 모든 걸 알 수 없지만, 한 가지 확실한 건 나를 아는 하나님의 계획하심이 내가 예측할 수 없을 정도로 놀랍고 신비롭다는 사실이다. 또한 하나님의 때와 나의 때는 다르기 때문에 하나님의 시간 안에 살아가며, 그 뜻을 따라야 한다.

나를 아는 하나님의 계획하심

God loves you more deeply than words can ever express.

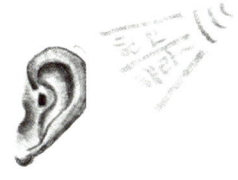

히네니, '제가 여기 있습니다.'

"여호와께서 그를 보려고 돌이켜 오는 것을 보신지라
하나님이 떨기나무 가운데서 그를 불러 이르시되
모세야 모세야 하시매 그가 이르되 내가 여기 있나이다."

출애굽기 3:4

신학대학교에 입학하려고 하는 청소년들의 수가 해가 갈수록 줄어들고 있다. 신학교에서 배우지 않아도 하나님을 잘 배울 수 있다면 다행인데 그런 이유로 일어나는 현상은 아닌 듯하다. 현실적인 문제인 먹고 사는 문제일까? 그것도 아닐 것이다. 하나님을 믿지만 하나님을 위해서 자기 삶의 전부를 드리는 것, 가장 어려운 문제인 헌신 때문이지 않을까. 그렇다고 청소년과 청년들에게 헌신하라고 무조건 강요할 수 없다.

어떤 청년 사역을 하시는 목사님이 자기 교회 청년들에게 다음과 같이 헌신을 요구했다.

"사랑하는 청년 여러분, 하나님을 위해서 헌신합시다. 시간을 구별해서 교회에서 봉사하고, 선교도 합시다. 우리의 시간을 기쁘게 주님께 올려드립시다."

예배가 끝나고 한 청년이 목사님께 물었다.

"목사님은 회사에 다녀 보셨나요? 학자금 대출을 갚기 위해 애써 보셨나요? 아침 일찍 일어나 회사에 가고 늦은 시간까지 야근하고 나면 피곤해서 아무것도 할 수 없습니다. 그렇게 월요일부터 금요일까지 일하고 와서 토요일 아침부터 교회에 와서 봉사하라고 하고, 주일에는 아침부터 저녁까지 봉사하라고 하면 우리는 언제 쉽니까? 육체적으로 쉬는 시간이 없습니다. 그래도 목사님은 월요일에 쉬시잖아요. 왜 우리에게만 헌신을 강요하십니까?"

청년의 말에 목사님은 아무 말도 할 수 없었다.

코로나 이후에 온라인 예배를 드리던 청년들이 다시 현장 예배로 돌아오지 못하는 경우가 많다. 3년 동안 온라인 예배를 드리면서 편하게 신앙 생활한 청년들을 더욱 힘들게 하는 것은 다른 것보다 봉사와 헌신의 강요였다. 헌신은 자발적인 마음인데, 언젠가부터 헌신의 내용과 모습으로 신앙의 척도를 구분 짓게 되었다. 얼마나 교회에 얼굴을 자주 보여주느냐는 우수한 신앙생활의 기준이 되기도 한다.

어느 날 청소년 때부터 만났던 제자가 청년이 되어서 연락이 왔다.

"저 교회를 옮기려고 합니다."
"부모님과 같이 잘 다니는 거 아니었어?"

"코로나 지나고 청년들이 교회로 돌아오지 않아서 교회에 저 혼자 있어요. 그래서 청년들이 많은 교회에서 제대로 예배를 드리고 싶어요."

"청년들이 많은 교회에서 드리는 예배만 예배고 네가 지금 주일마다 드리는 건 예배가 아니니?"

"그건 아닌데요. 그래도 또래들의 고민을 함께 나누고, 저에게 맞는 말씀을 듣고 싶어요."

"너한테 맞는 말씀이라는 게 따로 있는 게 아닌 거 같아. 다른 문제가 있는 거 같은데."

"실은 교회에서 부담을 줘요. 교회에 청년이 저 혼자 밖에 없으니까. 더 헌신해서 청년부를 부흥시키래요."

어떤 부담인지 잘 알 수 있을 거 같았다. 교회가 헌신을 강요하고 있다. 그렇다고 성경의 인물들처럼 하나님의 갑작스러운 부름도 아닌 말 그대로 교회 봉사라는 이름의 헌신이었다. 하나님을 위한 봉사가 아니라, 교회를 위한 봉사이다. 하나님을 위해 당연하게 해야 하는 일들이 부담스러운 봉사와 헌신이라는 이름으로 청소년과 청년들에게 부담을 주고 있다. 그래서 코로나 이후에 교회를 떠났던 청년들이 출석했던 교회로 돌아오지 못하고 대형교회로 몰리고 있다. 큰 교회는 예배당 맨 뒷자리에 앉아서 예배드려도 아무도 신경 쓰지 않는다. 예배를 드리지 않아서 오는 죄책감이 들 필요 없다. 예배드리고 헌금하고 오면 된다는 생각이다. 굳이 헌신하지 않고 봉사하지 않아도 된다. 주일이면 예배 후에 자기만의 시간을 가질 수 있다. 청소년과 청년들이 꿈꾸는 시간이다.

누가복음 10장에 마르다와 마리아 자매가 나온다. 예수님을 대접하기 위해 분주한 마르다와 예수님의 말씀을 더 많이 듣고 싶은 마리아. 마르다는 같이 집안일을 하지 않는 마리아에게 자신을 도와 달라고 예수님이 대신 얘기해달라고 한다. 그런 마르다를 향해 선한 마음이 근심과 염려로 바뀌었다라고 하신다. 예수님은 "마리아처럼 여기 와서 나의 이야기를 들어라."가 아니라 "마리아는 자신에게 좋은 것을 선택했으니 너도 좋은 것을 선택하라."고 권하신다. 교회에는 봉사로 헌신하는 사람도 있고, 예배와 말씀을 사모하는 사람도 있다. 모두가 같은 모습으로 신앙 생활할 수 없다. 자신에게 가장 좋은 것을 선택하면 된다.

헌신은 누군가의 부름에 응답하는 일, 또는 필요 때문에 자발적으로 움직이는 것이다. 하나님의 부르심이라는 가짜 포장지를 씌운 억지 봉사는 오히려 진짜 하나님의 부르심에 반응하지 못하게 만드는 역효과를 낼 수도 있다. 또한 인간적인 눈의 만족을 위해 결과를 위한 봉사는 봉사의 의미 자체를 퇴색하게 만든다.

　청소년 선교 사역을 하면서 종종 듣는 말이 "언제까지 청소년 사역하실 거예요?"이다. 언제까지 청소년 사역을 할지 궁금해서 묻기보다는 "이제는 나이에 맞게 성인 사역을 해야 하는 거 아닌가요?"라는 의미가 녹아있다. 특별히 나이에 맞는 사역이 정해진 것은 아니지만 은연중에 다음 세대 사역은 젊은 사역자들이 하는 것이라는 인식이 형성된 것이다. 젊은 사역자들이 다음 세대들과 코드가 맞아서 사역을 더 잘할 수 있을 거라는 생각이다. 그러나 그렇지 않은 경우도 많다. 오히려 나이가 많은 사역자가 청소년 사역을 더 잘하는 경우도 있다.

　부산에서 청소년 사역을 하시는 한 목사님은 60세가 넘으신 나이에도 30개의 중·고등학교를 방문하며 복음을 전하고 있다. 헌신에는 나이가 걸림돌이 될 수 없다. 모세도 80세에 하나님의 부르심을 받았다. 시편 90편 10절에 우리의 인생이 강건하면 팔십이라고 나와 있지만, 모세가 하나님의 부르심을 받은 나이가 80세이다. 신학대학원 입학시험에서 교수님이 이렇게 질문했다.

"신학대학원 졸업 후에 뭘 하고 싶습니까?"
"네, 청소년 선교를 하고 싶습니다."

교수님이 대답을 듣고는 웃었다.

"실은 지금까지 면접 본 사람들의 50%가 선교를 하겠다고 해서 기분이 좋네요. 그런데 신학대학원 3학년이 되어 졸업할 때가 되면 선교보다 먹고 사는 문제, 교회사역에 대한 문제, 목사안수에 대한 문제로 고민을 많이 하더군요. 선교에 대한 마음이 흔들리지 않기를 바라요."

하나님께서 부르셨음을 믿고 열심히 달려왔는데 헌신의 마음이 흔들릴 때가 있다. 하나님만 의지하며 나아가야 하지만 세상을 바라보게 된다. 베드로가 물 위를 걷는 예수님을 보고 "나도 걷고 싶어요."라고 바람을 말했고, 실제로 걸었지만, 작은 풍랑에 흔들거리는 발밑의 물을 보게 된다. 예수님만 보고 걸을 때는 물 위를 걸었지만 물을 보게 되면 두려워 빠시게 된다. 그리고 물속에서 허우적거리게 되고 뭐라고 잡으려고 안간힘을 쓰게 된다. 그렇게 우리는 헌신의 삶을 놓게 된다.

'히네니'는 '제가 여기 있습니다.'라는 뜻의 히브리어이다. 히네니의 반대말은 '잠깐만요'다. 누군가 나를 불렀을 때 우리는 상황에 따라 대답한다. 어떤 대답이 나에게 유익이 되는가. 유익이 되는 존재가 부르면 즉각 답하지만 그렇지 않으면 미루거나 하지 않는다.

주일학교 선생님들은 청소년들이 물어도 답이 없다고 하소연을 한다. 대답을 안 하는 여러 가지 이유가 있겠지만 무엇보다 교사가 청소년과 어떤 관계를 맺고 있는가를 고민할 필요가 있다. 질문을 던졌으니 무턱대고 대답할 거라는 생각하지 않는 게 좋다.

어떤 청소년은 카톡의 읽지 않은 문자가 500개가 넘기도 한다. 학교 반 단톡방에서 오는 문자들은 읽을 만한 가치가 없다고 한다. 마찬가지로 주일학교 선생님의 문자는 뻔하다고 생각할지도 모른다. 그런데 카톡으로 선물을 보내면 답장이 빠르다. 나에게 이익이 있기 때문이다. 단톡방에서의 문자는 대답하지 않는다. 개인적으로 나에게만 하는 이야기가 아니기 때문이다. 내가 대답하지 않아도 다른 누군가가 대답을 해서 내가 대답해야 할 이유가 없다. 그래서 선생님들에게 오히려 단톡방을 하지 말라고 권유한다.

하나님이 우리를 부르실 때도 마찬가지다. 누군가는 즉각 대답하는 삶을 살고 있기도 하고, 어떤 사람은 '잠깐만요. 지금 하는 일을 다 하고 대답할게요'라고 응답하기도 한다. 하나님은 우리의 하나님이 아니다. 나의 하나님이다. 나의 죄를 위하여 독생자 아들을 주신 것이다. 즉, 나와 개인적인 관계를 맺고 계신다. 나에게 항상 말씀하신다. 지금 우리의 응답은 무엇인가?

국제 예수전도단(Youth With A Mission: YWAM)에서 한 강사가 동남아 지역에 열방대학을 세우고 제자 훈련을 받는 사람들에게 헌신하라는 메시지를 전했다. 대단히 인상적이었다. 나도 가슴이 뜨거워졌다. 한 사역자가 나에게 물었다.

"헌신하라고 하는데 어땠어요?"

"지금도 헌신하고 있는데 또 헌신해야 하는가 하는 의아함이 들었어요."

지금도 헌신하고 있는데 뭘 더 또 헌신해야 하느냐는 생각이었는데 다시 생각해 보니 그건 내가 정한 헌신이었다. "하나님을 위해서 이렇게 헌신하겠습니다."라는 온전히 내 기준의 헌신이었다. 하나님께서 나를 향한 계획은 다른 것일 수 있는데 하나님의 의견은 묻지도 않고 헌신하겠다고 다짐한다. 다짐하고 열심히 헌신하는 데 원하는 방향으로 가지 않으면 그 끝은 하나님을 원망하게 된다.

하나님을 만나고 은혜를 받은 청소년들은 나를 찾아와 다짐한다.

"목사님, 제가 사역을 돕는 방법으로 직장을 가지게 되면 꼭 십일조를 후원하겠습니다."

약속한 청소년만 100명(?) 이상이 될 거 같다. 그렇게 후원으로 헌신을 약속한 청소년 중 단 두 명만이 후원을 하고 있다. 아마도 청소년기를 지나 청년이 되어 직장에서 돈을 벌어보니 마음처럼 쉽지 않다는 걸 깨달았을 것이다.

헌신은 인간의 기준으로 따지면 어려운 것이다. 그러나 하나님의 기준으로 하면 쉽다. 하나님이 부르시고, 하나님이 원하시는 곳에서 하나님이 원하시는 일을 하면 된다. 쉬운 걸 어렵게 할 필요가 없다.

인도의 한 교회에서 청소년부 사역자를 구하고 있다. 몇 년째 사역자를 구하지 못해서 목사님과 사모님이 돌아가면서 교육부를 담당하는데 한계에 이르렀는지 나에게 영상설교를 몇 번 부탁하셨다. 청소년 사역을 잘하는 후배에게 물었다.

"인도와 중국에서 사역자를 원하는데 혹시 하나님께 기도해 보고 결정하겠니?"

"올해 결혼을 해서 쉽지 않네요."

하나님과 대화해 보라고 했는데 이미 답은 정해져 있었다. 내가 아닌, 사람이 아닌, 하나님께 헌신해야 한다. 누군가를 보고 따라 하는 헌신이 아닌, 하나님의 음성에 귀를 기울이면 헌신이 보인다. 지금 하나님의 음성이 잘 들리는가? 그렇다면 헌신의 때가 찾아온 것이다.

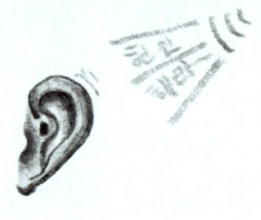

하나님께 헌신해야 한다.

하나님이 꼰대입니까

"훈계 받기를 싫어하는 자는
자기의 영혼을 경히 여김이라
견책을 달게 받는 자는 지식을 얻느니라."

잠언 15:32

　나이든 세대를 일컫는 말인 '꼰대'가 점점 부정적인 의미로 사용되고 있다. 고집스럽고, 이해할 줄 모르고, 자기 생각을 상대에게 관철시키려는 사람을 꼰대라고 부른다. 여기에 자신보다 나이가 많은 사람은 무조건 꼰대라고 지칭해 버리기도 한다.

　"하나님은 어떤 분이신가?"

이 질문에 사람들의 대답이 저마다 다르다. 각자가 경험한 하나님이 다르기 때문이다. 심판하시는 하나님에 대한 설교를 많이 들은 사람에게 하나님은 무서운 분이다. 하는 일마다 잘 풀리는 사람은 하나님을 은혜의 하나님, 사랑의 하나님으로 표현한다.

그런데 일이 잘 풀릴 때 "하나님의 은혜입니다."라고 말하는 것은 하나님을 무당 취급하는 것과 다름없다. 점괘를 잘 맞추는 무당에게 용하다고 칭찬하는 것과 같은 태도이지 않은가. 불편한 진실은 하라는 대로 다 했는데도 나쁜 일만 생기면 다른 무당을 찾기도 한다는 것이다.

하나님을 가장 잘 표현하는 단어는 '사랑'이다. 사랑은 희생을 내포한다. 부모는 자녀를 사랑해서 희생하고, 스승은 제자를 사랑해서 희생하고, 친구는 친구를 사랑해서 희생하기도 한다. 하나님과 희생이라는 단어가 어울리는가. 너무도 당연하다. 인간의 죄를 사하기 위해서 독생자 아들 예수 그리스도를 십자가에 내어 주셨다. 우리를 사랑하지 않는다면 할 수 없는 일이다. 십자가에 못 박히시고 물과 피를 다 쏟을 때까지 주님은 우리를 사랑하셨다. 하나님은 사랑이시다.

> "…우리가 하나님을 사랑한 것이 아니요 하나님이
> 우리를 사랑하사 우리 죄를 속하기 위하여 화목 제물로
> 그 아들을 보내셨음이라."
>
> 요한1서 4:10

중학생을 가르칠 때와 고등학생을 가르칠 때 차이가 크다. 중학생은 사춘기가 시작되는 나이여서 가르치고 조언할 것이 많다. 집중력이 떨어질 때도 있지만 나름 경청하려고 한다. 그런데 고등학생들 앞에서 수업하면 어느 순간 내가 꼰대 같다는 생각에 눈치를 보게 된다. 그런데 이러한 생각이 들면 청소년 사역은 어려워진다.

나에게도 그런 시기가 있었다. 청소년 사역을 그만두고 해외 선교를 가려고 준비했다. 그때 읽었던 말씀이 사도행전이었다. 철없던 예수님의 제자들이 순교를 각오하고 복음을 전하는 사도로 변화하는 모습이었다. 복음을 전하는 것에 집중하지 않으면 수많은 환경이 우리를 유혹한다. 온갖 이유를 들먹이며 복음을 전하는 것을 방해한다.

'하나님은 사랑이다.'라는 진리를 깨닫지 못하게 하는 사단의

방해가, 하나님이 우리를 향해 행하시는 모든 일을 잔소리로 느끼게 만든다. 어떤 결과에 대해서 하나님의 징계라고 생각한다. 하나님의 징계는 우리를 향한 사랑에서 비롯된다.

> "너희 중에 누가 아들이 떡을 달라 하는데 돌을 주며
> 생선을 달라 하는데 뱀을 줄 사람이 있겠느냐."
> 마태복음 7:9-10

아들을 사랑한다면 아들이 원하는 것을 주려고 애쓸 것이다. 그러나 아무리 사랑하는 아들이라고 해도 자녀에게 위험하면 달라고 떼를 써도 주지 않을 것이다.

자녀가 자신의 실수를 감추려고 거짓말을 한다면 그저 귀엽다고 넘어갈 것인가? 따끔하게 혼낼 것인가? 대부분의 부모라면 자녀의 미래를 위해서 따끔하게 혼낼 것이다. 자녀를 사랑하기 때문이다.

첫째 아들 초은이가 초등학교 3학년 때 학교에서 욕을 배웠다. 친구들에게 배운 욕을 웃으면서 동생에게 선보였다. 마침 교회에서 청소년들과 연습을 하고 있을 때 그 광경을 봤다. 잠

깐 연습을 멈추고 초은이를 그곳에 있는 다른 청소년들도 볼 수 있도록 확실하게 혼을 냈다. 초은이는 자신의 잘못을 깨닫고 이후 욕을 하지 않게 되었다. 또한 그곳에서 나와 초은이의 모습을 본 청소년들도 함부로 욕을 하지 않게 되었다.

어쩌면 나의 모습을 본 그곳의 청소년들이 "아빠가 너무 하네."라고 생각했을 수도 있을 것이다. 그러나 대부분의 사람은 나의 행동이 아들을 위해서 어쩔 수 없는 것이었음을 알 것이다. 그건 아들을 사랑하는 아빠의 당연한 행동이다.

하나님이 우리를 훈계하시고, 시시콜콜 잔소리를 한다고 생각할 수 있을 것이다. 그러나 그건 하나님이 지금 나를 사랑하고 계시다는 증거이다. 더 이상 잔소리가 들리지 않고, 하나님의 은혜가 느껴지지 않는다면 염려하고 걱정해야한다. 하나님께서 내버려두셨다는 것이다.

세계적인 변증학자인 '라비 재커라이어스'의 강의를 직접 들을 수 있는 기회가 있었다. 그의 강연 중에서 가장 인상이 남는 말은 하나님의 사랑에 대한 이야기였다.

"여러분 지옥이 어떤 곳인지 아십니까? 지옥은 더 이상 하나님의 사랑이 없는 곳입니다."

망치로 머리를 한 대 얻어맞은 기분이었다. 우리는 지옥이라는 곳을 표현하기 위해서 수많은 단어와 현상, 성경 해석 등을 하려고 애쓰는데 한 문장으로 지옥을 설명한 것이다.

"하나님의 사랑이 없으면 어떻게 될까?"를 궁금해 할 필요가 없다. 그곳은 지옥이다. 하나님의 사랑이 없다는 것이 얼마나 무섭고 두려운지 알게 해주었다. 하나님이 나를 위해서 이 순간에도 일하고 계심을 알고 싶다면 바로 좌우, 앞뒤를 보면 된다. 보이지 않지만 여전히 그곳에서 나를 돌보시고 계시다는 사실을 기억해한다.

나를 위해서 조언하고 훈계하는 사람인지, 아니면 자신을 드러내기 위한 조언인지는 구분할 수 있다. 하나님의 훈계를 '하나님은 꼰대, 하나님은 귀찮은 분'이라고 폄하하기에는 우리의 삶에 한 구석이라도 일초라도 하나님의 일하심 안에 속해 있지 않은 곳이 있을까.

여전히 그곳에서
나를 돌보시고 계시다

God loves you more deeply than words can ever express.

타임머신을 타고 싶다

"하나님의 은사와 부르심에는 후회하심이 없느니라."
로마서 11:29

사용하고 있는 한 금융 앱에서 이벤트로 주식을 주었다. 큰 금액은 아니고, 2천 원을 주면서 원하는 주식을 살 수 있게 해줬다. 주식을 잘 모르기에 그나마 이름이 낯이 익은 회사의 주식을 샀다. 0.04주 정도 되는 듯했다. 3년을 잊고 지내던 어느 날 주식이 7배 상승했다는 소리를 들었다. 혹시나 하는 마음에 주식을 확인해보니 내 주식이 14,000원이 되어 있었다.

'이래서 사람들이 주식을 하는구나.'

사람들은 당첨 확률이 말이 안 되는 복권보다 주식이 돈을 더 번다고 생각하는 거 같다. 그래서 타임머신을 타면 주식을 산다는 사람이 많다. 자신이 사지 않더라도 가족에게 주식을 사라고 권유하고 싶다고 한다.

그런데 타임머신의 조건이 미래의 상황을 알고 과거로 가는 것인가? 아니면 미래를 잊어버리고 과거로 가는 것인가? 전자의 조건이면 좋겠지만 후자의 경우가 될 수도 있다. 그러나 어떤 경우든 대부분은 타임머신을 타고 싶다는 생각을 한다.

대안교실을 운영하는 고등학교에서 수업을 적응하지 못하고 학교를 그만두려는 학생들이 모였다. 두 달 동안 강의를 해야 하는데 주제가 '인성교육'이다. 고등학생에게 인성교육이라니 그냥 어렵겠다는 생각밖에 들지 않았다. 그래도 청소년을 만날 수 있다는 생각에 도전했다.

걱정했던 것과는 다르게 나도 공업고등학교에 다녔다는 말에서부터 아이들이 마음을 열었다. 아이들은 학교에 다닐 이유가 없어서 차라리 돈을 버는 게 낫다고 생각하고 있었다. 내가 고등학교 1학년 때 가졌던 생각과 완전 똑같았다. 나도 그랬다.

그 때 자동차 정비 자격증만 따면 학교를 자퇴하려고 준비했다. 다행인지 불행인지 고등학교 3학년이 되어서야 자격증을 취득해서, 덕분에 고등학교를 잘 졸업했다.

돌아보니 그때 고등학교를 자퇴하고 졸업하지 못했다면, 대학교도, 예술대학도, 박사학위도, 그 어느 것도 할 수가 없었을 것이다. 나의 지난 시간을 돌아보니 고등학교 졸업장이 없는 것보다 있는 게 낫다고 대안 교실 고등학생들에게 얘기해주었다. 다들 인정은 하지만 지금의 시간을 견디기 힘들어했다.

"내가 만약 타임머신을 탄다면 그래도 고등학교 1학년으로 갈 거야."

"힘들었다면서 왜 다시 고등학교 1학년인가요?"

"할 수 있다면 다시 해보고 싶어. 그때는 힘들다고 포기했던 것들, 지겹다고 불평 불만하기만 하고. 살았던 그 시간을 다시 잘살아 보고 싶어."

그때는 나도 그랬다. 고등학교도, 맘에 들지 않고, 친구 관계도 어려웠다. 그래서 빨리 시간이 가기만을 기다렸고, 불평불만을 쏟아냈다. 그 시간에 하고 싶은 일을 위해서 투자했다면 다른 삶을 살았을지 모른다. 물론 미래의 내 모습을 안다면 더 좋겠지만 미래를 몰라도 괜찮다. 하나님이 나의 모든 시간 속에 계셨기 때문이다. 좋은 시간이었든 나쁜 시간이었든 하나님이 함께하지 않았다면 과연 내 삶이 온전했을까. 아무리 생각해도 그때의 내 모습을 떠올려보니 기적에 가까운 일이 일어난 것만 같다.

많은 청소년이 현재에만 머물러 있고, 미래를 내다보지 않는다. 세상을 떠들썩하게 한 유명인이 청소년기에 실수로 잠깐 방황했던 것들까지도, 사람들은 현재로 끌고 온다. '시간이 지나면 괜찮아지겠지.'라는 바람이 무색할 정도이다. 과거가 현재를 묶고, 미래를 규정한다.

과거와 미래까지 모든 시간이 나의 모습이다. 그 시간을 어떻게 살아갈 것인가가 우리가 평생 풀어야 할 숙제이다. 맘에 들지 않는다고 다시 과거로 갈 수 있는 타임머신이 있다면 좋겠지만 그런 일은 없다. 그렇다고 후회만 하고 살 수도 없다.

과거의 모습에 가끔 이불킥을 할 때가 있다. 철없던 모습이고, 그 당시에는 당연하다고 생각되는 말과 행동들이 불쑥불쑥 떠올라 나를 민망하게 만든다. 그러나 그 모습도 내 모습이다. 철없던 시간이나, 자랑스러운 시간이나 모든 시간 속에 하나님이 계셨기에 그래도 이렇게 살 수 있었다는 것을 알게 된다.

인생은 B와 D사의 C라는 말이 있다. 즉, 인생은 탄생(Birth)과 죽음(Death) 사이의 선택(Choice)이다. 사람은 태어나서 죽을 때까지 수많은 선택을 한다. 그 당시에는 맞다고 생각했던 선택도 되돌아보면 어처구니없는 것들도 많다.

대부분의 남편이 아내로부터 받는 질문이 있다.

"다시 태어나면 나랑 결혼할 거예요?"

"나는 하나님을 믿기 때문에 다시 태어나는 윤회설은 안 믿어. 그래서 당신과 한 결혼이 전 우주를 통틀어 단 한 번의 결혼이고 사랑이라는 사실이지."

참 멋있는 말이다. 다시 태어날 일도 없고, 타임머신을 탈일도 없으니 지금이 가장 최선이고 최고의 날이다. 이 세상을 창조하신 하나님이 가장 최고의 날을 주셨고, 최선의 나를 만드셨다. 다시 태어나거나 과거로 돌아가 다시 살 수 있다면 그건 하나님의 실수가 있다는 뜻 아닌가? 하나님은 실수하지 않기 때문에 가장 최고의 날에 나를 만드셨다. 내가 후회하고 실수할 때조차 하나님은 후회하시거나 리셋 시키지 않으셨다.

그러니까 지금의 시간을 염려하지 말고 살아라. 힘들 수도 있고, 괴로울 수도 있고, 죽고 싶다는 생각이 들 수 있다. 다만 현재를 하나님과 잘 살아내야 한다. 현재와 미래는 하나님의 시간이지만 과거는 사단의 시간이다. 사단이 우리를 흔드는 가장 최고의 방법은 과거를 건드는 것이다.

'너 예전에 그런 삶을 살면서 하나님을 위해서 산다고? 너가 하나님을 찬양한다고?'

사단은 과거의 우리의 모습을 알고 있다. 그래서 괴롭히기 좋다. 과거의 모습에 흔들리면 현재를 살아가지 못하고 미래는 점점 없어져 간다. 과거에 얽매여 사는 청소년들은 과거 이야기만 한다.

아팠던 얘기, 힘들었던 얘기… 그들의 상황을 나는 100% 이해하기 어렵다 할 수 없다. 이미 지나가 버린 시간이기 때문에 도와줄 수 있는 것도 없다. 그러나 현재와 미래는 내가 도울 수 있다. 현재와 미래는 지금 만들어 가면 된다.

교회의 한 청소년이 사회적으로 문제가 되는 사건에 연루가 된 적이 있었다. 구치소로 면회를 하러 갔다. 아직은 그래도 해맑게 웃고 있었지만 두려워하고 긴장하는 모습이 역력했다. 그래서 한 가지 제안을 했다.

"이번 여름방학에 제주도로 수련회 가는데 같이 갈래?"
"네? 수련회 전에 여기서 나가면 갈게요."

"그럼 기도할 테니까 너도 기도해."
"네."

기도한 대로 수련회 선에 구치소에서 나왔다. 그 친구가 수련회에 참석한다고 교회에 보고했다. 교회에서는 난감해했다. 문제 있었던 청소년이 갑자기 수련회에 참석하는 걸 다른 친구들의 부모들이 반대하고 있었다. 안 좋은 영향을 끼칠까 봐 두려위했다. 문제의 청소년을 불러서 솔직하게 말했다.

"교회에서 너를 바라보는 시선이 안 좋아. 그리고 다른 친구들의 부모님들이 네가 수련회 참석하면 자기 자녀들은 안 보내겠다고도 말해. 그런데 난 너를 수련회에 데려가고 싶어. 이제 네가 선택을 해야 해. 수련회에 갈지 말지. 안가고 과거의 잘못을 생각하면서 어둠 속에 들어가든지, 과거를 뒤에 두고 미래를 위해서 현재를 더 열심히 살아가든지 이제 네가 결정하면 돼."

"수련회 가고 싶어요."

그렇게 4박 5일간의 수련회를 다녀왔다. 다행히 아무런 일도 일어나지 않았고, 다른 친구들과도 잘 지냈다. 무엇보다 그 친구는 하나님을 경험했다. 만약 과거에 머물렀다면 하나님을 경험하지 못했을 것이다. 그러나 우리는 미래를 위해서 현재를 살아갔다.

과거는 바꿀 수 없지만 현재와 미래는 바꿀 수 있다. 사단은 괴롭힐 거리를 찾기 위해서 항상 우리 곁을 맴돈다. 그래서 과거의 꺼리들을 주지 않도록 하나님과 동행하는 삶이 필요하다. 현재를 잘 살면서 괴롭힐 과거들을 만들지 않으면 된다. 이렇게 살아낸 시간들을 주님께 올려드리면 과거도 사단이 틈타지 못하는 주님 것이 된다. 하나님과 동행하는 삶에는 굳이 타임머신은 필요가 없다.

현재와 미래는 바꿀 수 있다.

밤새도록 널 위해 응원해줄게

"낮의 해가 너를 상하게 하지 아니하며
밤의 달도 너를 해치지 아니하리로다."

시편 121:6

청소년사역자는 외롭다. 청소년 대부분이 청소년 시기에 하나님을 영접하고 신앙을 잘 지키면서 살면 좋겠지만, 아쉽게도 그렇지 못하다. 여름 수련회에서 받은 은혜가 유지되는 기간은 최대 일주일이다.

학원, 친구, 게임 등 수많은 유혹으로 다시 수련회 전으로 돌아간다. 청소년기는 사춘기와 맞물려 기분이 오르락내리락하면서, 자신의 온전한 모습을 찾아간다. 청년이 되면 하나님을 인격적으로 만난다. 이 과정에서 하나님을 처음으로 만났던 청소년기는 잊어버린다. 대부분 부끄러운 과거이기 때문이다. 자기도 왜 그랬는지 모르는 이유 없는 반항과 차마 눈 뜨고 볼 수 없었던 행동들이 생각나기에, 사람들은 청소년기는 굳이 기억하려고 하지 않는다.

그래서 청소년사역자들은 외롭다. 잊어야 하는 기억에 늘 포함되어 있어 함께 잊혀지기 때문이다. 물론 굳이 청소년들에게 기억되려고 노력할 필요는 없다. 새로운 청소년이 나타나기도 하고, 어디인지 알 수 없는 기억 한 구석에 하나님을 심어놓으면 언젠가는 열매를 맺는다. 그게 청소년사역이다. 열매를 지금 맺기를 소망하면 실망이 크다. 인정받으려고 시작했다면 하루라도 빨리 청소년 사역을 포기하는 게 낫다.

중학교 1학년이었던 때 만났던 한 학생이 8년 만에 청년이 되어 연락이 왔다. 인스타그램을 보고 우연히 나를 보게 되어 메시지를 보냈다. 이런 경우 대부분 인사치레가 많은데 이 청년은 정말로 나를 만나고 싶어 했다. 간단하게 통화를 했는데, 내 기억 속의 그 청소년이 아니었다. 분명히 말이 많았고, 엉뚱한 생각에 밝은 성격의 아이였으나 전화기 너머로 들리는 목소리만으로도 우울함이 느껴졌다. 그토록 밝았던 아이의 입에서 자살이라는 단어가 나와 당황했으나, 태연한 척하려고 노력했다. 청년과의 약속이 다가올수록 나는 조금씩 긴장됐다.

무엇보다 8년 만의 만남이라 내가 얼굴을 기억할 수 있을까 걱정됐다. 청년이 먼저 나를 알아봤다. 밝게 웃으며 인사하는 나와는 달리 청년은 웃음기 없이 긴장한 얼굴이었다. 그동안 어떻게 지냈는지 간단히 나누었는데, 대화에 집중 못하는 청년의 얼굴이 보였다.

청년은 고등학교 시절 친구들과 어울리다가 큰 어려움을 당했다고 말했다. 지금까지도 자신의 삶을 괴롭히고, 자살을 떠올린 정도로 힘든 일이었다. 실수로 뱉은 말들을 친구들이 녹음해서 자신을 협박했고, 그로 인해 24시간, 누구를 만나고 말을 할 때마다 촉각을 곤두세울 수 없었다. 언제, 누구든 자신의 말을 녹음해 그 시절 친구들처럼 협박할 수 있다는 생각에, 청년은 만나는 모든 사람과의 대화를 녹음하고 있었다. 당시 나와의 대화도 당연히 녹음 중이었다.

고등학교 시절 그때 당한 어려움 때문에 청년은 앞으로 나아가지 못하고 과거에 머물러 있었다. 과거가 없는 사람은 없다. 지금 내 모습은 과거의 축적된 결과이다. 많은 사람이 청소년들에게 현재를, 미래를 살라고 말한다. 그러나 엄밀히 말하면 현재는 없다. 우리의 삶에는 과거와 미래만이 존재한다. 이렇게 말하고 있는 순간에도 시간은 흘러갔기 때문에 현재라고 말하는 시간은 이미 과거가 되어 있다. 그리고 오지 않은 미래라는 시간이 우리를 기다리고 있다.

청소년에게 비전과 꿈에 대해서 강의하는 사람늘은 하나 같이 미래를 위해서 준비하라는 조언을 한다. 그러나 이 말은 과거를 지나와본 사람만이 할 수 있는 말이다. 아직 미래를 경험하지 못한 청소년들에게는 그저 두려움을 주는 이야기다. 그 두려움은 과거에서 비롯된다. 과거 내 삶의 모습, 하찮은 성적… 부끄러웠던 인간관계를 통해서 자신을 평가하게 되는데, 어떻게 밝은 미래가 떠오를 수 있겠는가? 앞으로 나아가지 못하고 허우적거리다가 과거를 벗어나지 못한 채 살아가게 된다.

영화 '루카'는 물속에 있을 때는 인어이지만 물 밖으로 나오면 인간의 모습이 되는 루카라는 인어에 관한 이야기이다. 물 밖의 세상을 동경하던 루카는 친구를 통해 그 세상을 경험한다. 이를 걱정한 부모가 루카를 심해에 사는 친척 집에 루카를 보내려고 한다. 심해는 아무것도 보이지 않는다. 그저 둥둥 떠다니다가 고기의 사체를 먹고, 잡생각 하면서 시간을 때우면 된다. 루카는 심해에 가지 않기 위해 물 밖으로 나와 세상을 경험하고, 자기를 괴물이라고 부르며 두려워하는 사람들에게 당당하게 자신의 모습을 드러낸다.

루카가 세상에 나온다고 해서 완전한 인간이 될 수는 없다. 물이 묻으면 인어로 돌아갈 수밖에 없다. 이건 변하지 않는 사실이고 과거다. 그러나 이미 지나온 과거는 변하게 할 수 없지만, 오지 않은 미래는 바꿀 수 있다. 두려움을 이겨내고 심해가 아닌 물 밖으로 나와야 한다. 그래야 물 밖에서 인간으로 살아갈 수 있다.

청소년들은 과거가 두려운 것이 아니라 경험하지 않은 미래를 두려워한다. 그래서 과거에 머무르려고 한다. 우리는 기다려줘야 한다. 스스로 미래를 결정하도록, 조금 부족하고 시톨러도 과거와 마주서서 스스로 일어설 결심을 해보도록 응원을 해줘야 한다. 우리가 경험한 것들을 해보라고 하면 안 된다. 그건 우리가 경험한 것이지 우리가 만나는 청소년들이 경험할 일이 아니다. 우리가 할 수 있는 건 많지 않다. 체육대회에서 '우리 팀 이겨라!'라고 목소리 높여 응원하는 것처럼 힘들어하고 방황하는 청소년들에게도 응원하고 박수쳐주면 된다. 우리의 기준대로 강요할 필요는 없다.

군대를 갓 제대한 나는 주체할 수 없을 정도의 뜨거운 열정으로 사역에 임했다. 그러나 내 뜻대로 되지 않을 때가 더 많았다. 답답한 사역의 현장에 힘들어서 그만하고 싶을 때가 많았다. 일부러 숨기도 하고 도망치기도 했다. 그때마다 나를 찾아와 준 한 사람이 있다. 나에게는 최고의 스승이신 류찬영 목사님이시다.

그분은 내가 실망하고 좌절해서 도망칠 때마다 집으로 찾아오셨다. 모른 척 외면해도 자기를 만나줄 때까지 계속 찾아오셨다. 단순한 위로의 한마디보다 그저 찾아와 '힘내라.'라는 말이 전부였다. 그러나 문자나 전화가 아닌, 직접 찾아와 주셨다는 사실이 나에게는 다시 사역의 현장에 돌아올 수 있는 큰 힘이 되었다. 그리 유명하신 분도, 권력이나 부가 넘치시는 분도 아니었지만, 제자를 찾아와 위로해주실 줄 아는 세상 누구보다 큰 마음을 가진 스승님이셨다.

청소년을 위로하고 격려하는 방법을 알고 싶은가? 응원 한 마디면 충분하다. 엄청난 스킬과 경력, 자격증이 필요한 게 아니라는 사실을 우리는 모르고 있다. 왜냐하면 그런 응원을 받아본 적이 없기 때문이다. 응원도 받아본 사람이 잘한다.

수련회에 설교를 하러 가면 기도회가 끝나고 청소년과 스텝, 교사들이 다 같이 둥글게 서서 돌아가며 기도 제목을 나눈다. 매번 재미있는 광경을 본다. 청소년들은 자신의 기도 제목을 진실하게 얘기하고 있는데 그 말을 듣고 있는 교사, 사역자, 스텝들은 청소년들의 기도 제목을 듣고 상담을 하고 있다. 아마도 자신의 경험을 바탕으로 어떻게 하면 좋겠는지 조언을 하고 싶은지도 모른다. 그러나 청소년들은 조언을 원하는 게 아니라 자신들의 기도 제목을 놓고 함께 기도해주고 응원해줄 사람을 원한다. 응원이 아닌 조언을 하면 꼰대가 된다. 어른들은 청소년이 하나님을 만나, 하나님과 동행하며, 하나님의 뜻대로 하나님을 의지하면서 살아야 한다고 가르친다. 그런데 하나님을 정작 만나지 못하게 가로막고 있는 존재가 어른들이다. 하나님을 만나고 싶어서 기도 제목을 나누는데 자신의 경험을 토대로 상담을 해주고, 조언을 해주고 있다. 하나님은 없고, 자신의 경험만 그득그득 쌓아놓는다.

자신을 배신한 제자들을 찾아와 위로하시는 예수님은 어떠셨을까? 내가 예수님이라면 정말 힘들었을 것 같다. 꼴도 보기 싫은 제자들에게 어떻게 웃으며 찾아와 위로를 할 수 있을까? 예수님을 닮는다는 것은 쉬운 일이 아니다. 예수님처럼 손과 발에 못이 박히고, 십자가를 질 수 있는 용기를 내기란 쉽지 않다. 그러나 과거에 얽매여 미래로 나아가지 못하는 청소년들을 응원해 줄 수 있다. 몇 시간이고 응원가를 틀어놓고 춤을 춰 줄 수도 있다. 우리의 사명은 예수님과 같이 십자가를 지는 것이 아니다. 더 중요한 일이 있다. 나에게는 그 일이 복음을 전하는 일이고, 청소년을 찾아가 만나는 일이다. 그리고 그 청소년들을 옆에서 지켜보며 힘이 빠질 때까지 열심히 응원해주는 일이다. 어쩌면 예수님은 지금도 열심히 조언을 하며, 상담을 하는 청소년 사역자들을 향해 다음과 같이 말씀하고 계실지도 모른다.

"십자가는 내가 질 테니까. 넌 다른 사람들을 응원해줄래?"

예수님은 어떠셨을까?

God loves you more deeply than words can ever express.

난 그런 거 몰라요

"하나님이여 나의 부르짖음을 들으시며
내 기도에 유의하소서."
시편 61:1

　우연히 듣게 된 한 라디오의 사연이다.
「저희 집 딸이 고등학교 2학년이 되니 엄마한테 자꾸 엉깁니다. 말도 많고, 애교를 많이 떱니다. 몇 년 전 기억이 납니다. 중학교 2학년 때 말도 없고, 신경이 날카롭던 모습이 선한데 지금은 완전 다른 사람이 되었습니다. 그래서 딸에게 물었습니다. "중학교 2학년 때 너의 모습이랑 너무 달라서 낯설다." 딸이 이렇게 대답했습니다. "중학교 2학년 때의 나는 내가 아니었어. 또 다른 ○○이 살았던 거야." 딸의 대답에 안도의 숨을 쉽니다. 청소년기의 자녀를 둔 모든 엄마, 아빠들에게 위로의 말을 전합니다. 이 또한 지나갑니다. 여러분 모두 파이팅 하세요.」

큰 감동이 되었다. 청소년기를 간단명료하게 잘 설명한 사연이었다. 인간은 나이에 맞게 육체와 정신이 성장을 한다. 유아기를 거쳐, 아동기, 청소년기, 청년기, 장년기, 노년기. 나이가 든다는 것은 육체가 성장하는 것을 뜻하고 나이에 맞는 행동과 역할이 주어진다는 뜻이다.

청소년기는 인생 중에서 가장 알 수 없는 소용돌이 시기이다. 언제 어디서 폭풍, 비바람, 천둥, 번개, 가뭄, 홍수 등 어떤 일이 일어날지 모른다. 청소년들과 만나 밥을 먹을 때도, '뭘 먹을래?'라고 물으면 대부분 '몰라요.'라고 대답한다. 제대로 대답하는 청소년이 별로 없다. 그런데 '몰라요.'라는 말이 맞다. 배우고 있는 시기인데 '장래희망이 뭐냐?', '관심이 있는 게 뭐냐?'라고 물으면 아는 게 없으니 당연히 '몰라요.'라고 대답할 수밖에 없다. 모든 질문에 '몰라요.'만 계속하면 사춘기라고 한다. 그렇다고 초등학생들처럼 장래희망이 '가수'라고 하면 연예인에 미쳐있다고 할 거다. '건물주'라고 하면 돈보다 좀 더 가치 있는 일을 꿈꾸라고 할 거다. '의사'라고 하면 '공부 잘하니?'라고 물을 것이다. 어쩌면 "몰라요."가 가장 적절한 답일 수도 있다. 부모세대가 청소년기를 지났던 것을 기억한다면 소통이 좀 더 쉽겠지만, 인간은 망각의 동물이라 지나 온 시절을 기억하지 못한다. 기억하려고 하지 않는다.

딸 때문에 고민이라는 한 여자 집사님이 상담을 부탁했다. 초등학교 때는 손발이 잘 맞았는데 중학생이 되고 나서는 자꾸 싸운다는 고민이었다. 초등학교 때의 딸이 너무 귀엽고 이뻤다고 그리워하고 있었다.

"집사님, 따님은 절대로 그때의 모습으로 돌아가지 않을 겁니다. 그러니 이제 단념하세요. 대신 새로운 딸이 생겼어요. 그 딸은 자신의 생각을 말하고, 엄마로부터 독립하려고 애쓸 거고, 친구와의 시간을 더 많이 가질 겁니다. 그러나 그 어느 때보다 더 많이 엄마를 생각하고, 엄마의 가장 친한 친구가 될 겁니다. 대신 시간이 좀 걸립니다. 기다려주고, 들어주고, 기도해주는 거밖에 없습니다. 많이 싸우는 거 걱정하지 마세요. 싸우지 않고 아무런 말도 하지 않고 청소년기를 보내면 평생 그 모습 그대로 아무 말도 하지 않는 딸이 생길 겁니다."

사춘기에 접어든 자녀와 자주 싸운다고 고민하는 부모님들이 계신다. 염려하지 않아도 된다. 청소년기는 혼자만의 시간이 많이 필요한 시기이다. 그러나 혼자 있는 시간이 너무 많아지면 혼자만의 세계에 머물게 된다. 이해할 수 없고, 말도 안 되는 일 때문에 싸움이 일어나도 잘 들어주고, 대답해주는 것이 필요하다. 청소년기는 원래 그렇다. 가끔 "우리 아이는 너무 유별나게 청소년기를 보냈어요."라고 말 하시는 분들이 계신다. 또 어떤 분은 "우리 아이는 사춘기인 줄 모르고 지냈어요."라고 말하는 분들도 있다. 물론 부모님의 말을 온전히 믿을 수 없다. 모든 부모는 자기 자녀에 대한 이야기는 솔직하게 고백하지 않는다. 타인과의 비교, 타인을 위한 겸손 또는 배려라고 생각하는 경우들이 많다.

분명한 것은 청소년기에 부모가 어떻게 대했느냐에 따라서 청소년기는 많이 달라진다. 앞의 라디오 사연처럼 힘들었던 중학교 2학년 때를 청소년들은 기억하지 못한다. 부모들만 봐도 알 수 있다. 자신의 중학교 시절을 기억하지 못한다. 당장은 많이 싸우고 힘들다고 해도 처음 사춘기를 보내는 자녀에게 부모의 역할은 매우 중요하다. 무엇을 가르치는 것보다 모르기 때문에 알려주고, 들어주면 된다. 건강한 부모와 자녀의 사이는 대화의 시간이 많다. 내가 모르는 걸 자녀가 물어볼까 봐 염려할 필요는 없다. 엄마도 아빠도 모르는 것이 있다는 사실이 자녀에게 놀림거리가 아닌 더 가까운 사이가 되는 단초가 될 수도 있다. 모르면 모르는 대로 솔직하게 말하면 되고, 나중에 알려줄 수도 있다. 부모도 "몰라요"라고 할 수 있다는 사실에 자녀들은 안심하게 된다.

인간에게 하나님이 필요한 이유는 모르는 것이 너무도 많기 때문이다. 우리가 직접 세상의 모든 걸 다 알지 못해도 하나님만 믿으면, 하나님이 이끌어주시는 삶을 살 수 있다. 살아가면서 세상의 모든 것을 알 수도 없고, 알 필요도 없다. 전지전능하신 하나님이 계시는데 다 알려고 하는 것이 교만의 시작일 수 있다.

청소년에게 신앙상담을 하면 언제나 결론은 하나님이 되어야 한다. 청소년뿐만 아니라 하나님을 믿는 누구든지 문제의 해결 방법은 하나님이다. 변하지 않는 진리이다. 그러나 상담을 하면서 상담자가 하나님이 되려고 한다. 자신의 경험을 바탕으로 한 이야기는 청소년을 더 어렵게 한다. 설령 같은 상황이라고 할지라도 환경적 요인, 현재 하나님과의 관계 등 해결

하는 방법이 얼마든지 다를 수 있다.

　내가 연극을 전공한 이유는 연극이 좋아서도 있지만, 배우를 꿈꾸는 청소년들이 조금 더 어렵지 않게 배우라는 꿈을 꿀 수 있도록 도움이 주기 위해서였다. 연합 캠프에 가면 항상 유명한 연예인이 나와서 자신이 힘들었던 일을 고백한다. 어려움 속에서도 하나님과 동행한 일, 또는 하나님을 떠났다가도 다시 하나님을 만나 지금의 모습이 되었다고 간증을 한다. 그러나 모두가 같은 상황이 될 수는 없다. 연예계에서 신앙을 지키는 것은 쉬운 것이 아니다. 신앙을 지키다 보면 자신의 꿈에서 멀어질 수도 있다. 다양한 이야기가 펼쳐진다.

　하나님은 인간을 다양하게 만드셨다. 누구 하나 같은 모습이 없다. 한 사람, 한 사람을 귀하게 만드셨기에 각 사람을 향한 기대가 있으시다. 모두가 유명해지거나, 모두가 부자가 되거나, 모두가 신앙이 좋을 수 없다. 하나님이 각 사람을 만드시면서 계획한 뜻이 있다. 지금은 알 수 없으나 하나님은 이 또한 계획하셨다. 뭘 물어도 "몰라요."라고 대답하는 시기에도 하나님은 같이 계신다. 청소년 시기에 하나님이 필요한 이유는 '몰라요.' 시기이기 때문이다. 무엇을 잘하는지, 장점이 뭔지, 단점이 무엇인지 잘 알 수 없는 시기에 하나님을 만나야 한다. 하나님은 나에 대해서 가장 잘 아시고 가장 좋은 길, 가장 기쁜 길로 인도하신다.

뉴질랜드에서 돌아와 교회 사역지를 구할 때 있었던 일이다. 전도사여서 사례비가 많지 않았다. 면접을 보는 목사님이 물었다.

"사례비가 적은데 생활은 어떻게 하실 수 있나요?"
"뉴질랜드에서도 재정이 없었지만, 하나님의 은혜로 문제없이 살았습니다."

"후원해주시는 분들이 있었나요?"
"아뇨. 후원은 많지 않았습니다."

"그럼 한국의 물가가 높아서 생활이 어려운데 이를 위한 어떤 계획이 있나요?"

"생각해 본 적은 없습니다. 그래도 하나님이 때마다 은혜를 주셨습니다."

"에이. 그건 그거고, 현실적으로 생활할 수 있는 방법을 찾아야 하는데…"

"그럼 제 아내가 한국에서 수학 과외를 하려고 하는데, 그게 도움이 되지 않을까요?"

돈도 필요하고, 사역은 해야 하고, 어떻게 해야 할까? 하나님밖에 없는데, 정답을 이야기해도 현실적인 대답을 해야 끝이 난다. 하나님의 은혜가 판타지가 되고 있다. 신비로운 일이 아니라 당연한 이야기인데도 꿈같은 이야기가 되어버렸다. 잘 모를 때 당연히 하나님을 찾아야 하는데, 현실적이고, 인간적인 방법을 찾아야 안심한다.

"몰라요."라 답하는 청소년에게 무엇을 모르는지, 무엇을 도와줄 수 있는지 물어보는 게 먼저이다. 예수님은 언제나 낮은 곳으로 가서 섬기고 봉사했다. 제자들의 발을 씻기려고 무릎을 꿇는 일도 마다하지 않으셨다.

우리는 모르는 게 많다. 그래서 주님이 필요하다. 하나님은 언젠가 답하신다. 우리가 '아하!! 이게 하나님의 계획이었구나'

하면서 손뼉을 치기를 기다리신다. 내 지식이 아닌 하나님으로부터 오는 지혜임을 구별해야 한다.

행사를 하면 자신이 누구인지를 자꾸 말하는 사람이 있다. 무슨 일을 했고, 누구랑 친하고, 어느 학교를 나왔는지를 먼저 말하는 것은 하나님을 드러내기보다, 자기 의를 나타내는 것이다. 하나님을 믿는 믿음은 바보가 되어야 한다. 모르기 때문에 하나님을 바로 보는 삶이 되어야 한다.

주님이 필요해요~

사이렌이 울린다

"너는 그들에게 말하라 주 여호와의 말씀이니라
나의 삶을 두고 맹세하노니 나는 악이 죽는 것을
기뻐하지 아니하고 악인이 그의 길에서 돌이켜
떠나 사는 것을 기뻐하노라
이스라엘 족속아 돌이키고 돌이키라
너희 악한 길에서 떠나라 어찌 죽고자 하느냐 하셨다 하라."

에스겔 33:11

유튜브에서 '모세의 기적'을 검색하면 재미있는 결과가 나온다. 우리가 흔히 아는 모세의 출애굽 영상보다 구급차가 사이렌을 울리면 양옆으로 갈라지는 자동차들의 영상들이 더 많다. 구급차가 사이렌을 울리면 양보하는 것이 당연한 건데, 기적이라는 표현을 쓴다. 그만큼 양보하는 일들이 적어서 기적처럼 느껴지는 것이다.

운전을 할 때, 간혹 들리는 사이렌 소리는 사람을 긴장하게 만든다. 소방차든, 구급차든 또는 경찰차든, 일단 사이렌 소리가 울리면 하던 운전대를 다시 잡고 자세를 고쳐 앉게 된다. 주위에 무슨 일이 있는지 둘러보게 되고, 속도도 줄이고 조심하게 된다. 만약 하나님의 음성이 사이렌과 같이 우리 삶에 들린다면 어떨까?

평온한 삶에 큰 파장이 일어날지 모른다. 그러나 사이렌은 하나님의 경고와 같다. 하나님의 음성을 듣고 싶다는 청소년은, 하나님의 음성을 단순히 다정다감한 목소리로 생각할 수도 있다. 그런데 한 번도 들어본 적 없던 하나님의 음성이 갑자기 들린다면 십중팔구 우리는 제대로 정신을 차릴 수 없을 정도로 크게 놀랄 것이다.

중요한 경고가 사이렌처럼 울리는데 반응하지 못하면 큰 사고가 나지 않겠는가? 때로는 하나님의 음성을 자주 듣는 것보다는, 가끔 들리는 사이렌과 같이 들리는 하나님의 경고 음성이 우리에게는 더 나을 수 있다.

사이렌 소리가 들린다는 것은 아직 살 수 있는 기회가 있다는 뜻이다. 이미 생명에 가망이 없는 환자를 싣고 가는 구급차는 급할 게 없다. 이때는 사이렌을 울려도 형식상 사이렌이 울릴 뿐이다. 큰 사이렌을 울리며 급하게 이동하는 차는 아직 생명을 살릴 기회가 있는 환자를 싣고 있는 것이다. 하나님은 평소에도 우리에게 다양한 방법으로 사이렌을 울린다. 설교와 말씀 묵상 가운데, 기도하는 중에, 혹은 누군가와 대화하면서 나의 죄를 돌아볼 수 있는 기회를 주신다.

사이렌 소리는 우리를 긴장하게 하지만 하나님이 미리 경고해주시기 때문에 은혜이다. 아직 회개할 기회가 있어서 사이렌을 울리시는 것이다. 사이렌 소리가 들린다고 무서워할 필요 없다. 오히려 소리가 나는 곳을 바라보고, 무엇이 잘못되었는지 점검해야 한다.

노아가 방주를 만든 기간이 120년이라고 한다. 그 기간 방주를 만들었다는 것은 세상에 사이렌을 세상에 울리고 계셨다는 것뜻이다. 즉, 주님은 죄 가운데 있던 우리를 120년 동안 기다리셨다. 당장 세상의 모든 생명체를 싹 쓸어버리고 다시 창조하셔도 됐지만, 돌이킬 기회를 주셨다. 아직 사이렌 소리가 들릴 때, 아직 기회가 있을 때 하나님께 집중해야 한다.

　청소년은 죄를 짓는 것보다, 죄를 지은 후 받게 되는 결과에 대한 두려움이 있다. 누구나 비슷한 두려움을 느낀다. 이러한 두려움을 잘못 이용하면 신앙을 위한 협박으로 사용하게 된다.

　"죄를 지으면 지옥 가.", "죄지은 사람을 향한 하나님의 심판이 얼마나 무서운 데."
하나님을 믿는 이유가 하나님을 사랑하기 때문이 아니라 단지 지옥에 가기 싫어서 라면 하나님과의 관계는 너무 삭막하게 된다.

　교회 청소년들이 어느 날 "어떻게 하면 지옥 가지 않나요?"고 물었다. 왜 그런 질문을 하는지 물었더니 했더니 지옥의 모습을 묘사해 놓은 그림을 보여줬다. 내가 봐도 너무 잔인했다. 사람의 몸을 찢고, 죄에 따른 대가로 여러 가지 끔찍한 형벌을 행하는 그림이었다. 그걸 보고 청소년들이 지옥에 가기 싫다고 했다. 나 같아도 충격을 받았을 것 같다.

　그런데 하나님을 믿는 이유가 하나님의 사랑과 은혜가 아니라 지옥에 가기 싫어서가 되어 버렸다. 우리 삶의 주인공은 하나님이다. 공포와 두려움으로 하나님을 믿게 하는 것은 하나님이 이 세상을 창조하시면서 원하시던 인간의 삶이 아니다. 사단은 우리에게 공포와 의심, 두려움을 주지만 하나님은 기쁨과 평안을 주신다. '죄를 지었기 때문에 지옥 간다.'보다 '죄를 지었어도 회개하면 된다.'는 사고방식을 심어주어야 한다. 하나님은 자신이 만드신 인간이 죄 때문에 자신을 두려워하고, 무서워 피하길 원치 않으신다. 청소년들에게 좋으신 하나님, 사랑의 하나님, 용서의 하나님을 소개해야 한다.

YWAM(국제 예수전도단) 사역자들과 죄의 용서를 주제로 대화를 나눈 적이 있다. 특히 사역자에 대한 용서에서 각자 다른 의견을 가지고 있었다.

"사역자가 죄를 짓고 회개를 해도 사역의 현장에 나서면 안 된다."

"죄를 짓고 회개했으면 용서받은 거니까 다시 사역해도 된다."

한창 논쟁이 벌어지고 있을 때 리더가 한 가지 사건을 얘기해줬다. DTS(제자훈련) 학교의 리더가 훈련을 받으러 온 여자 청년과 성적인 관계를 맺게 되었다. 학교의 명예를 실추시키고, 다른 훈련생들에게 영향력을 미칠 수 있는 문제였다. 리더를 쫓아내고, 학교는 사건을 덮으려고 해도 된다. 그러나 그 방법은 하나님의 방법이 아니었다. 죄를 회개하기 위해서는 죄의 속성이 드러나야 한다. 그래서 학교는 리더를 리더의 자리에서 내려오게 하고, 회개의 시간을 주었다. 또한 DTS 훈련을 처음부터 다시 받게 했다. 여자 청년도 심리적 치료를 받으며 회개의 시간을 가졌다 갖게 했다. 그 후 훈련을 다시 받았다. 모든 훈련 과정을 마치고 리더였던 형제는 다시 사역을 시작했다.

이 사건에서 우리는 죄를 바라본다. 죄 지은 사람을 바라본다. 어쩌면 사람들의 시선 때문에 죄 지은 후 회개가 더 어려울 수 있다. 그러나 하나님을 믿는 신앙인은 사람의 시선보다 하나님과의 관계에 더 집중해야 한다.

영화 '밀양'에서 아들을 죽인 범인이 "'하나님께 회개했기 때문에 이제 마음이 평안하다."는 말을 듣고 분노하는 엄마의 모습이 나온다. 물론 밀양의 범인이 진심으로 회개했다면 하나님은 용서해주셨을 것이다. 그러나 순서가 잘못됐다. 마태복음

5장 23-24절을 보자.

> "그러므로 예물을 제단에 드리려다가 거기서 네 형제에게
> 원망들을 만한 일이 있는 것이 생각나거든
> 예물을 제단 앞에 두고 먼저 가서 형제와 화목하고
> 그 후에 와서 예물을 드리라"
>
> 마태복음 5:23-24

진심으로 하나님께 회개했다면, 형제와의 관계에서 지은 죄가 생각나야 한다. 하나님 앞에 설 때 내 죄가 생각난다면 그건 하나님께서 주시는 기회이다. 기회가 주어졌을 때 돌이키자. 하나님은 매 순간 우리에게 무엇을 잘못했는지 말씀 주시지는 않지만 죄를 떠올려주신다. 사단이 주는 기억은 하나님을 피해 숨게 하지만, 하나님이 주시는 기억은 회개의 기회가 된다.

그렇다면 회개만 하면 될까. 다음 행동이 필요하다. 하나님께 회개하면 마음은 편할지 모른다. 그러나 죄를 지은 사람을 볼 때마다 죄가 떠오르게 될 것이다. 용서와 화해의 과정이 필요하다. 누가복음 19장을 보면 삭개오는 예수님을 자신의 집에 모시기 전에 먼저 회개했다. 자신에게 손가락질하고 수군대는

사람에게 자신이 지었던 죄를 고백했다. 예수님께서 집에 들어왔을 때, 주님께만 고백하는 것이 아닌 모든 사람 앞에서 자기 죄를 고백한다.

하루는 지하철에 전도하는 중년의 여성 세 분이 타셨다. 일반적인 전도인 줄 알았는데 내용이 충격적이었다. 한 중년여성이 앞에 나서고 두 명의 여성이 뒤에서 어깨에 손을 올리고 있었다.

"저는 죄인입니다. 결혼한 여자임에도 다른 남자와 불륜을 저질렀습니다. 그러나 하나님을 만나고 회개하고, 많은 사람 앞에서 저의 죄를 고백합니다. 여러분도 하나님께 회개하고 돌아오기를 원합니다."

뒤에 두 분이 고백하는 분을 위해서 기도했다. 조용한 전철에서 벌어진 충격적인 장면이었다. 열차 안에 사람들은 아무런 반응도 못하고 있었다. 그런데 가장 중요한 질문이 있다. 그 여성분의 죄를 아무 상관없는 우리가 왜 지하철에서 들어야 할까.

전도의 방법이라서? 전도의 방법으로 공포와 두려움, 죄책감을 사용하는 사람들도 있다. 청소년 시기는 감정적으로 예민하다. 청소년들은 주변 환경에 영향을 많이 받는다. 미디어나 설교, 세미나 등의 강의에서 청소년이 받을 수 있는 영향력을 고려해야 한다. 자극적인 표현이 당장은 일시적으로 효과가 있을지 모르지만, 오랫동안 청소년들의 머릿속에 각인되어 건강한 신앙을 가지는데 방해가 되기도 한다.

청소년들에게 필요한 전도방법은 '하나님의 사랑'이다. 하나님이 얼마나 사랑하는지를 알려줄 필요가 있다. 현대 시대는 사랑에 굶주린 시대이다. 굶주렸다고 배고픔을 미끼로 삼아서도 안 되고, 건강해질 수 있는 음식으로 배를 채워야 한다. 사랑이 필요한 청소년들에게 하나님의 온전한 사랑을 전해야 한다.

자녀들이 초등학교 6학년에서 중학교 1학년이 되면 부모들은 자녀가 변했다고 한다. 초등학교 때는 솔선수범해서 잘하던 자녀가 중학교 1학년 되면 갑자기 변한다. 사춘기가 되었기 때문이다. 사춘기의 청소년은 완전히 다시 태어난다. 초등학교에서 배웠던 모든 기본적인 행동들을 잊는다. 중학생이 되니까 더 의젓해지고 말을 잘 들을 거 같지만 그렇지 않은 경우가 많다. 프로그램을 다시 설치하려고 컴퓨터의 모든 자료를 싹 다

지워버리는 것을 포맷이라고 하는데, 청소년기 사춘기도 이러한 포맷 상태이다. 수업이 끝나고 간식을 나눠주면 절반 이상의 청소년이 항상 묻는 질문이 있다.

"쓰레기는 어디에 버려요?"

처음엔 이런 질문이 이해가 가지 않았다. 쓰레기는 쓰레기통에 버리면 된다. 그런데 뻔한 질문을 한다. 당연히 알 거라고 생각했던 행동들도 다 잊어버렸기 때문이다. 이때 짜증내거나 노여워하지 말자. 청소년들에게 다시 처음부터 다시 알려주면 된다. 포맷된 하드는 시간이 걸려도 다시 프로그램을 설치해 주면 살아난다.

어린 시절에는 그렇게 사랑한다는 소리를 많이 듣던 아이가 청소년이 되면 사랑한다는 소리를 많이 못 듣는다. 부모들이 잘 안 한다. "당연히 사랑하는 줄 알겠죠."라는 말은 핑계이다. 사랑은 표현해야 안다. 하나님이 얼마나 우리 아이들을 사랑하는 지 말해줘야 한다.

우리가 위태로우면 하나님이 사이렌을 울려주시는 것처럼,

하나님은 우리를 향해 "사랑한다." 시시때때로 말씀해주신다. 우리 역시 자녀들이나 주변 사람들에게 하나님의 사이렌 역할을 할 수 있다. 또한 하나님의 사랑을 전하는 확성기도 될 수 있다. 잘못된 걸 알면서 지나치는 노아시대의 사람들과 똑같은 실수를 하지 말고, 하나님이 들려주시는 사이렌을, 사랑의 소리를 바로 듣자, 이 소리를 듣는다는 것은 회개의 기회이며, 누군가를 도울 수 있는 찬스이며, 사랑을 실천할 수 있는 인생의 가장 중요한 순간이 되기도 한다.

사랑한다.

아임 유어 파더

"너희가 아들이므로 하나님이 그 아들의 영을 우리 마음 가운데 보내사 아빠 아버지라 부르게 하셨느니라."

갈라디아서 4:6

뉴질랜드에 청소년선교사로 가기 전에 아버지가 부탁을 하셨다.

"너한테 연락할 수 있도록 이메일 쓰는 법을 알려줄래?"
"그럴게요."

아버지가 컴퓨터를 잘 못 다루어서 회원가입을 하고, 이메일 쓰는 법을 알려드렸다.

"회원가입은 했으니까요. 로그인부터 하시면 돼요. 아이디를 적고요. 비밀번호를 적으시면 돼요. '메일 쓰기'로 가서서 제 이메일 주소를 적고, 저한테 하고 싶은 얘기가 있으시면 적으시고 '보내기'를 누르시면 되요."

그렇게 어려운 일이 아니라고 생각했다. 설명을 하고 직접 이메일을 보내는 연습도 마쳤다. 특별히 이메일을 쓸 일이 있을 거라고 생각하지 않았다. 얼마든지 전화도 할 수 있는 상황이었기에 설마 아버지한테서 이메일이 올 것이라고는 생각하지 않았다.

그러나 뉴질랜드에 간지 2개월 만에 아버지한테서 이메일이 왔다. 신기하고 뭔가 벅찬 느낌이었다. 제목부터가 울컥하게 만들었다.

'사랑하는 아들에게'

조심스럽게 이메일을 클릭했다. 울컥했던 마음이 따뜻해졌다. 아버지가 보낸 이메일에는 제목만 있고 내용은 없었다. 즉, 이메일을 보내실 때 제목만 적고 내용은 적지 않고 보내기를 누르신 것이다. 그러나 그 어떤 편지보다 감동이 된 것은 제목 때문이었다.

난 지금껏 한 번도 아버지한테서 사랑한다는 말을 들어본 적이 없다. 아버지는 무뚝뚝하셨다. 초등학교 때까지 아버지를 잘 따랐는데, 사춘기 중학생이 되면서 말이 줄었다. 그런 나를 아버지는 사춘기라서 그런가보다 라고 하면서 오히려 아무런 말도 걸지 않으셨다. 누군가라도 내게 말을 걸어주기 바랐다. 하지만 나의 청소년기는 외로웠다. 혼자라고 느낀 적이 많았다.

사실 사역자가 되겠다고 다짐한 이유가 아버지 때문이다. 아버지는 어부였다. 다섯 살 때 우린 큰 폭풍을 만났고, 아버지는 '이곳에 있으면 다 죽겠구나.'라는 생각으로 어부의 삶을 정리하고 서울로 왔다. 가진 것도, 배운 것도 없었던 아버지는 가족을 위해서 여러 가지 일을 했다. 어느 날 일을 마치고 어린 나의 손을 잡고 걷다가 가난한 사람을 만났다. 그에게 그날 받은 품삯의 2/3를 주면서 나에게 이렇게 말씀하셨다.

"은국아 항상 어려운 사람들을 돌보면서 살아야한다."

평생 잊혀 지지 않는 좌우명이 되었다. 청소년 사역자가 된

후 그런 아버지에게서 사랑한다는 말을 이메일을 통해서 받게 되었다. 그것도 제목만 있는 이메일을 받게 되었다.

하나님이 우리를 사랑하는지 알고 싶을 때가 있다. 혼자라고 느끼고, 아무도 나의 고통에는 신경 쓰지 않는다고 느낄 때가 많다. 그래서 '어쩌면 하나님이 나의 아픔에 신경 쓰지 않구나.'라고 생각할 때가 있다. 우리는 그때마다 특별한 경험을 통해 하나님의 사랑을 느끼고 싶어 한다. 그러나 하나님은 특별한 경험으로 자신의 사랑을 드러내지 않으신다. 왜냐하면 이미 하나님은 우리를 사랑하신다는 것을 예수 그리스도의 십자가를 통해서 보여주셨기 때문이다. 세상에 그 어떤 신이 인간을 위해서 자신의 목숨을 내어 놓을 수 있는가. 오히려 자신을 위해서 인간을 희생시키는 경우가 더 많다. 그런데 주님은 우리를 사랑하셔서 당신을 내어주셨다.

교회에서 청소년들을 위해서 부모인터뷰 영상을 제작했다. 너무도 뻔한 질문이지만 모든 부모님들께 공통적인 질문을 했다.

"자녀가 불치병에 걸렸어요. 자녀를 위해 자신의 신체 일부를 줄 수 있습니까?"

당연히 그렇게 하겠다는 대답을 할 것을 알아서 별다른 감동이 없을 줄 알았다. 그런데 그 영상을 보는 청소년들은 울고 있었다.

청소년기는 확인하고 싶어 한다. '내가 사랑받고 있는지, 나는 그럴만한 가치가 있는지. 엄마·아빠는 나를 얼마나 사랑하는지.' 사춘기 청소년들에게 이런 이야기를 하면 쑥스럽거나 오글거리며 피할 거라 생각하지만, 청소년들은 알고 싶고, 듣고 싶어 한다. 엄마·아빠가 나를 사랑한다는 사실을, 나를 위해서 어떤 희생도 마다하지 않다는 것을 거듭 확인하고 싶어 한다.

하나님이 나를 위해서 자신의 독생자 아들을 보내셨다. 예수님은 나의 죄를 대신해 십자가에 못 박혀 죽으셨다. 이 모든 일을 하신 이유는 나를 사랑하기 때문이다. 그만큼 가치 있는 사람이라는 뜻이다. 이 좋은 소식을 청소년들에게 알려주어야 한다. 청소년들에게 하나님 아버지의 사랑이 얼마나 위대하고 멋진 것인지를 말해주어야 한다.

'사춘기니까 원래 그래.' 라는 말보다는 사춘기이니까 더 많이 사랑한다고 말해주자. 가장 외롭고, 사랑이 필요한 청소년기에 자신이 사랑받을 자격이 있는 존재라는 사실을 떠올려주어야 한다.

청소년을 흔히 '밑 빠진 독'으로 빗대어 표현한다. 밑이 깨진 독에 물을 채워 넣기 힘들기 때문이다. 힘들기 때문에 우리는 포기해야 할까. 이에 대한 해답을 영화 '달마야 놀자'에서 찾았다. 극 중 밑 빠진 독에 물을 채워 넣어야 하는 미션이 주어지는데, 아무리 채워도 차지 않자 포기하려 한다. 그때 그 독을 작은 연못에 던진다. 밑 빠진 독에는 연못의 물로 충만해진다. 불교 영화지만 기독교의 중요한 메시지를 담고 있다고 생각한다. 청소년을 사랑하려고 애쓰지 말고, 하나님의 사랑으로 충만하게 하자.

청소년들의 문제를 하나하나를 해결하기란 쉽지 않다. 청소년을 사랑하는 참 아버지의 사랑에 잠기게 하자. 그 크신 사랑에 잠기면 모든 문제는 해결된다. 근심과 걱정, 모든 두려움은 하늘에 계신 우리 아버지가 모두 평안으로 바꾸어 주실 것을 그저 믿으면 된다. 하나님은 사랑이시기 때문이다.

하나님의 사랑으로 충만하게~

하나님이 너를 많이 사랑해

초판발행일 | 2025년 6월 1일

저　　　자 | 오은국
펴　낸　곳 | 도서출판 틴즈
신 고 번 호 | 제 25100-2025-000032호
주　　　소 | 서울시 구로구 고척로21가길 84-53
전 화 번 호 | 010-3291-1091(yskit1@gmail.com)

디　자　인 | 그나라기획, 삽화 · 오형은
교정 · 교열 | 김다혜

ISBN 979-11-993035-0-8

정가 12,000원

ⓒ 2025, 도서출판 틴즈

저작권자의 허락없이 이 책의 일부 또는 전체를
무단복제, 전재, 발췌하면 저작권법에 의해 처벌을 받습니다.